Guide

MAESTRO IMPRO ™

de Keith Johnstone

International Theatresports Institute

Publié en 2020 par l'International Theatresports™ Institute (ITI)
215 - 36 Avenue NE, Unit 6 | Calgary, AB | T2E 2L4 | CANADA
Copyright© 2020 ITI

Le présent guide ne remplace en aucun cas les droits d'exécution. Les entités non titulaires de droits d'exécution et qui désirent présenter le format Maestro Impro™ doivent en faire la demande à l'adresse suivante :
admin@theatresports.org

Traduction : Gael Doorneweerd-Perry, Antoine Gaudin
Relecture : Lucille Arnaud, Mark Jane, Ian Parizot, Meng Wang, Adeline Belloc

Mise en page : Dagmar Bauer konzipiert & gestaltet, Stuttgart, Allemagne
Illustrations de Haley Brown, haleybrown.org

Photo de couverture :
Picnic Improvisación Teatral Monkey Fest
Bogota, Colombie
par Fernanda Pineda

« Les meilleurs directeurs sont ceux qui savent de manière innée comment inspirer leurs partenaires. Ils ont de solides compétences en narration. » *Shawn Kinley*

SOMMAIRE

À PROPOS DE CE GUIDE

Nous espérons que ce guide sera pour vous une source d'information et d'inspiration utile pour Maestro Impro™. Ce guide a été créé pour fournir de l'aide aux groupes qui débutent, des éclaircissements pour ceux qui ont des questions et un rappel pour les groupes qui ont une certaine expérience du format afin de vérifier leurs progrès et leur développement. Vous trouverez ici des informations sur l'histoire de Maestro Impro™ et sur l'esprit et la théorie derrière le concept. Nous fournissons également des informations pratiques sur sa structure en mettant l'accent sur les compétences et quelques conseils sur la façon de jouer le format comme prévu initialement. La plupart des informations contenues dans ce guide proviennent directement de Keith Johnstone lui-même, par le biais de son livre IMPRO FOR STORYTELLERS et de ses newsletters *Micetro Impro* en 1990

et *Gorilla and Micetro* en novembre 1998. Les commentaires et contenus additionnels sont fournis par des improvisateurs du monde entier, dont beaucoup ont travaillé avec Keith au cours des 40 dernières années, et par des groupes officiels (ou sous licence) qui jouent Maestro Impro™ dans la communauté de l'ITI. Bien que ce guide se concentre sur Maestro Impro™ - le format, nous vous encourageons à développer vos compétences d'improvisation en général en étudiant avec des professeurs informés. Une liste d'enseignants suggérés se trouve sur le site de l'ITI : impro.global. Diverses ressources se trouvent également dans une section à la fin de ce guide. Profitez de votre voyage dans le monde de Maestro et puissiez-vous trouver le plaisir, l'inspiration et le grand potentiel de collaboration que ce format a à offrir.

KEITH JOHNSTONE

Keith Johnstone est né en 1933 dans le Devon, en Angleterre. Il a grandi en détestant l'école, trouvant que cela émoussait son imagination. Sa première tactique pour lutter contre la suppression de la spontanéité et l'esprit créatif a été de s'inscrire à l'école de formation des enseignants quand on lui a refusé l'entrée à l'université. Le succès de Keith dans l'application de ses techniques de développement, dans un établissement secondaire non sélectif et avec des classes d'enfants jugés « moyens » et « non scolarisables », était indéniable.

Le proviseur de l'école considérait que Keith n'était « pas fait » pour entrer dans le corps enseignant et s'est activement employé à mettre fin à la carrière de Keith. Heureusement, lors d'une inspection de routine par l'autorité scolaire, l'inspecteur qui a suivi la classe de Keith a été tellement impressionné par ses méthodes et les résultats qu'il obtenait que le proviseur a reçu des instructions fermes pour lui donner la liberté de continuer à développer sa propre pédagogie. Peu de temps après, Keith a dressé une liste de « choses que ses professeurs ont interdites - comme faire des grimaces » et s'en est servi comme programme d'études.

En 1956, le Royal Court Theatre lui commanda une pièce, et il continua à y travailler jusqu'en 1966, en tant que chef officieux du département de lecture théâtrale, metteur en scène et professeur de théâtre, puis directeur adjoint. Dans

ses premières classes, il a commencé à s'interroger sur l'impact que l'école avait eu sur son imagination en explorant l'inverse de ce que ses professeurs lui avaient enseigné, dans une tentative de créer des comédiens plus spontanés. Dans Impro, Keith écrit : « Quand j'ai commencé à enseigner, il était naturel pour moi d'inverser tout ce que mes propres professeurs avaient fait. J'ai amené mes acteurs à faire des grimaces, à s'insulter, à toujours sauter avant de regarder, à crier, hurler et à mal se comporter de toutes sortes de manières ». C'est à cette époque que Keith a mis au point une série d'exercices d'improvisation pour aider les dramaturges à surmonter la panne d'inspiration et pour aider les acteurs à travailler plus spontanément.

Il a fondé The Theatre Machine dans les années 1960, un groupe d'improvisation en tournée en Europe et en Amérique du Nord, et qui a été invité par le gouvernement canadien à se produire à Expo 67. Keith a déménagé à Calgary en Alberta au Canada dans les années 1970, et en 1977, il a cofondé le Loose Moose Theatre Company. Au fil des ans, Keith a créé et développé les formats d'improvisation mondialement reconnus, Gorilla Theatre™, Maestro Impro™, Life Game et Theatresports™, qui ont été joués dans plus de 60 pays depuis la fin des années 1970. Theatresports™ est devenu un incontournable de l'improvisation moderne, et est l'inspiration des émissions de télévision *Whose Line Is It Anyway?*

(Royaume-Uni, États-Unis), *De Llamas* (Pays-Bas) et *Improv Heaven and Hell* (Canada), pour n'en nommer que quelques-unes.

Il est professeur émérite de l'Université de Calgary et auteur de nombreux essais, articles et productions qui ont été jouées en Europe, en Amérique du Nord, en Afrique et en Amérique du Sud. Plus particulièrement, Keith est connu pour ses écrits sur l'improvisation dans les livres IMPRO et IMPRO FOR STORYTELLERS qui sont traduits en plusieurs langues et sont ses livres les plus lus tant par les communautés théâtrales que par le grand public en général, au-delà des différences cultur-elles. (Il a récemment été remarqué que son travail surpasse celui de Stanislavsky en Allemagne.) L'Université de Stanford abrite *The Keith Johnstone Papers* qui comprend des manuscrits de pièces, des écrits, de la correspondance, des productions théâtrales, des journaux, des œuvres graphiques, etc. Les pièces maîtresses de la collection comprennent les premières ébauches de chapitres d'IMPRO et d'IMPRO FOR STORYTELL-ERS et certains des originaux des lettres de Keith, y compris des lettres à Keith de Del Close, Peter Coyote, Samuel Beckett, Harold Pinter, Anthony Stirling, des collègues du Royal Court, des membres de Theatre Machine, etc.

L'INTERNATIONAL THEATRESPORTS™ INSTITUTE (ITI)

En 1998, l'International Theatresports™ Institute (I.T.I.) a été créé au profit de la communauté d'improvisation qui s'intéresse de plus en plus au travail de Keith. C'est l'organisation à laquelle Keith Johnstone a confié l'héritage du format Theatresports™. L'I.T.I. est une association de groupes et d'individus réunis par une passion commune pour le travail de Keith Johnstone. Les groupes qui produisent les œuvres de Johnstone : Theatresports™, Maestro Impro™ et Gorilla Theatre™, font une demande de droits d'exécution peu coûteuse. Les écoles sont tenues d'avoir des droits d'exécution également pour des raisons de droits d'auteur, mais il n'y a pas de frais attachés.

Les membres de cette communauté mondiale bénéficient du développement continu et du partage du travail de Keith Johnstone ainsi que d'échanges entre les membres. (Visitez des groupes à Würzburg en Allemagne ou à Calgary au Canada, et mentionnez que vous êtes membre de l'ITI d'Istanbul ou de Taipei ; vous serez chaleureusement accueilli et probablement invité à les rejoindre sur scène).

Les droits d'exécution servent à soutenir les membres, à offrir des avantages et des formations à la communauté, ainsi qu'à la gestion quotidienne de l'ITI. Les avantages comprennent des séminaires et des rencontres à l'échelle mondiale tous les deux ans lors des conférences internationales de l'ITI tenues à divers endroits dans le monde.

Keith Johnstone a toujours refusé de tirer profit des droits d'auteur de Theatresports™, ce qui permet de réinvestir les fonds recueillis dans des initiatives communautaires. L'ITI est là pour vous soutenir et répondre à toutes les questions que vous pourriez avoir concernant le travail de Keith, y compris sur les techniques d'improvisation, les jeux (NDT : littéralement « games », c.-à-d. catégories d'impro).

AVANT DE JOUER MAESTRO IMPRO™

Tel que mentionné précédemment, Maestro Impro™ est un format protégé par le droit d'auteur, donc avant de commencer, veuillez contacter l'ITI et demander les droits. Le processus est simple. Dès que vous avez reçu les droits, vous devenez membre de l'ITI. Cela vous donne accès au guide du format, aux bulletins de Keith Johnstone, à des remises sur nos conférences, et l'accès aux formateurs, ainsi qu'une connexion à un réseau international d'improvisateurs qui travaillent avec les mêmes idées et la même philosophie que vous. Cela montre aussi un respect pour le droit d'auteur de Keith Johnstone dont vous explorez le travail et qui nous a tous enrichis, en tant que communauté d'improvisation. Veuillez nous contacter à : admin@theatresports.org ou consultez : impro.global

L'HISTOIRE DE MAESTRO IMPRO™

QU'EST-CE QUE MAESTRO IMPRO™ ?

Maestro est un format pour les ensembles avec un grand nombre d'acteurs et des directeurs. Le spectacle a une structure éliminatoire dans laquelle les improvisateurs sont réunis en groupe de manière aléatoire pour jouer des scènes les uns avec les autres. Deux directeurs mettent en place les scènes et dirigent les joueurs au besoin. Toutes les scènes sont notées par les spectateurs en fonction de leur degré d'appréciation. Les joueurs ayant obtenu les scores les plus élevés continuent tandis que ceux ayant obtenu les scores les plus faibles quittent le spectacle, éliminés après chaque round jusqu'à ce qu'il ne reste plus qu'un seul improvisateur. Ce joueur est le maestro.

À un certain égard, Maestro pourrait être perçu par le public comme une compétition entre les joueurs, avec des combinaisons arbitraires de comédiens aux compétences variées, le tout ponctué d'éliminations apparemment injustes. Le spectacle, cependant, est une structure bien conçue qui, en définitive, protège le public en lui donnant un arc de spectacle efficace, en retenant invariablement les comédiens les plus inspirés jusqu'à la fin du spectacle. Il est important que les participants comprennent que la manière optimale de jouer Maestro est d'user de bienveillance et de bon esprit envers les autres joueurs, dans le but ultime de créer une soirée agréable pour le public en lui laissant des souvenirs de scènes engageantes et variées. Les improvisateurs sont admirés pour leur travail en commun afin de créer des scènes inspirantes, malgré leurs différents niveaux d'expérience et de compétence.

Again ! Productions
Paris, France
📷 *par Michel Gauthier*

ORIGINES DU MAESTRO

Maestro est né de la nécessité. Keith a inventé Maestro à Utrecht, aux Pays-Bas, après cours d'impro avec quelques élèves. À la fin de l'atelier, il avait besoin d'un format qui pourrait inclure de nombreux participants ayant de différentes aptitudes. Sous la direction de Keith, Maestro a vu le jour ce soir-là et le problème a été résolu. Le format a été développé plus en détail à Calgary, au Loose Moose Theatre, au cours des soirées d'expérimentations de spectacles le jeudi soir, dans un format où chaque élément a été réfléchi pour servir un but et où il est joué depuis 1995. L'expérience a fait ses preuves et Maestro se retrouve maintenant sur les scènes d'Oslo à Tokyo dans le cadre de festivals et comme pilier pour des troupes d'improvisation.

LE NOM

Il y a une confusion dans certains milieux sur l'orthographe de Maestro. Alors que certains groupes utilisent M-a-e-s-t-r-o, d'autres suivent encore l'orthographe désuète M-i-c-e-t-r-o. Dans IMPRO FOR STORYTELLERS, Keith Johnstone fait référence au format « Micetro ». Son idée de départ était de comparer le jeu à une course de souris (mice en anglais, NDT) dans un labyrinthe. Il aimait la comparaison entre l'apprentissage des souris au fil du temps, la progression de l'improvisateur et l'amélioration du spectacle au fur et à mesure de sa progression. Le jeu de mots recoupe le mot « Maestro » - qui fait référence au maître du spectacle - Numéro 1 dans la course pour être le meilleur. Au fil des ans, cependant, Keith

lui-même a reconnu que l'idée de Micetro était un peu confuse et ne fonctionnait pas comme titre dans certains pays où le jeu de mots n'a tout simplement pas de sens. À partir de 2014, Keith a officiellement demandé aux groupes d'utiliser l'orthographe plus simple de Maestro.

Impro Melbourne
Melbourne, Australie
par Impro Melbourne

MAESTRO AUTOUR DU MONDE

Au moment d'écrire ces lignes, Maestro est joué dans plus de 20 pays. Il est rapidement devenu un format de prédilection pour se produire lors de festivals internationaux, car il peut intégrer de nombreuses personnes lors des représentations d'ouverture et de clôture. Il est également devenu un outil utile dans les villes qui espèrent rassembler divers groupes et individus sur scène, et comme moyen de développer une culture d'impro plus forte. Les styles varient légèrement d'une compagnie à l'autre, mais en général, Maestro maintient une plus grande cohésion que la plupart des formats au fil des ans. Cela a permis d'intégrer facilement des invités extérieurs à la communauté. Les larges possibilités du format augmentent l'accès à ceux qui ont des antécédents d'improvisation différents. (Il y a quelque chose de réjouissant à observer les interactions sur une même scène entre des écoles d'improvisation parfois éloignées.) Les compagnies qui jouent Maestro à travers le monde peuvent être approchées via l'ITI.

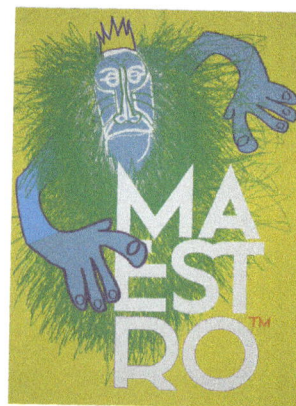

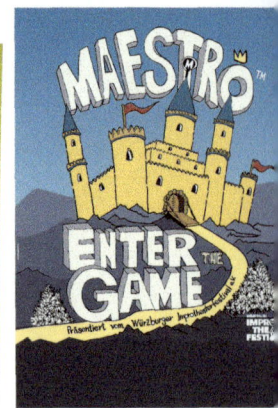

Design par Daniel Orrantia

« Maestro est le format parfait pour nous, car il nous permet de recevoir des improvisateurs internationaux comme invités. Le public apprécie de voir une extraordinaire complicité comme si nous pouvions parler la même langue. » *Takayuki Ueda - IMPACT360, Osaka, Japon*

CE QUE MAESTRO PEUT ACCOMPLIR

Maestro a des qualités qui peuvent profiter aux groupes qui le jouent tout en divertissant le public. Savoir ce que votre groupe ou compagnie veut et ce dont il a besoin fait partie intégrante de la direction artistique.

S'il est joué avec l'intégrité voulue, voici ce que Maestro peut accomplir :

· Intégration d'un grand nombre d'interprètes dans une représentation homogène
· Développement d'un groupe disposant d'une expérience et d'une expertise variables
· Amélioration et maîtrise des compétences en matière de direction

· Une introduction relativement simple à l'improvisation pour les nouveaux joueurs ou les joueurs moins qualifiés
· Capacité de leadership pour les joueurs avancés
· Avantages continus de présenter un arc de spectacle de plus en plus solide au cours de la soirée, plutôt que de présenter des spectacles qui n'ont pas de forme ou pire, qui commencent invariablement en force et se terminent au plus bas niveau
· Les groupes qui produisent régulièrement Maestro développent une base de spectateurs fidèles, enthousiastes à l'idée de revenir chaque semaine pour voir les joueurs s'affronter et encourager leurs favoris..

Picnic Improvisación Teatral
Monkey Fest
Bogota, Colombie
📷 *par Fernanda Pineda*

I Bugiardini
Rome, Italie
📷 *par Elisa Pizza*

CONCEPTS IMPORTANTS

Maestro incarne les concepts de base de l'improvisation compris par la plupart des improvisateurs. Cependant, le format lui-même se distingue par des éléments tels que :

· Un spectacle de bonne qualité qui réunit des comédiens de différents niveaux
· Des directeurs qui aident à ce que le spectacle gagne en variété
· Un élément apparemment incongru que constitue la compétition éliminatoire dans un contexte solidaire typique de l'improvisation

En plus de sa valeur éprouvée comme spectacle, Maestro s'avère un outil d'enseignement exceptionnel pour les groupes. Maestro est un moyen pour les joueurs expérimentés et les nouveaux joueurs d'interagir et d'apprendre les uns des autres. Aussi facile qu'il soit de dire que Maestro permet aux nouveaux joueurs d'apprendre des joueurs expérimentés, il a un impact tout aussi fort sur les joueurs chevronnés. Les joueurs plus expérimentés peuvent voir l'improvisation sous un nouvel angle en travaillant avec des joueurs qui sont plus récents sur la scène et avec lesquels ils ne joueraient peut-être pas autrement. Dans les communautés plus importantes où les membres de la compagnie sont déconnectés, Maestro a eu un impact positif en rassemblant des groupes et individus hétéroclites dans un grand esprit de camaraderie.

Au sein du spectacle, de nombreuses compétences sont mises à l'épreuve. Que ce soit pour améliorer la vue d'ensemble de l'œil du directeur et sa capacité à élaborer spontanément, ou pour travailler sur des aptitudes scéniques changeantes, Maestro peut s'avérer utile. Si une compagnie désire impliquer le public dans un style d'improvisation généreux qui donne aux spectateurs un sentiment de contrôle, Maestro est un bon choix.

« J'aime cette bienveillance du format ; nous voyons Maestro comme une occasion de regrouper les différents niveaux de notre compagnie et de les faire jouer ensemble. Nous avons aussi un spectateur volontaire qui joue dans le spectacle ! » *Matt Schuurman – Rapid Fire Theatre, Edmonton, Canada*

L'ESPRIT

Soutien
Positivité
Prise de risque
Plaisir de jeu
Honnêteté
Vulnérabilité
Travail d'équipe

Les formats et le style de Keith sont uniques dans la communauté d'improvisation. Comprendre les fondements du travail de Keith en ce qui concerne l'esprit et l'intention aidera à jouer Maestro et à improviser en général.

Les aspects de l'esprit sont notamment :

· Plaisir de jeu
· Soutenir votre partenaire et valoriser ses idées
· Prise de risque
· Honnêteté et vulnérabilité
· Être positif
· Échec - apprendre à échouer avec grâce et de bon cœur
· Travail d'équipe
· Mauvaise conduite

Le format montre toujours ce qui est le plus important, non pas le talent, mais l'entraide et le plaisir de passer du bon temps ensemble.

RISQUE ET ÉCHEC

Le risque, pour beaucoup d'entre nous, est un pas vers un échec embarrassant. Il est normal de se protéger contre le jugement et le stress. Se protéger de l'échec est courant dans la vie de tous les jours, mais utilisée sur scène, cette même autoprotection mène à l'autocensure et à la suppression du risque. Nous minimisons le risque d'échec en faisant des choix faibles ou en ne prenant aucun risque. Afin de prendre des risques, nous devons adopter une perspective selon laquelle l'échec est notre partenaire et non l'ennemi. Avec cette approche en tête, les improvisateurs peuvent jouer librement et sans crainte. La structure du Maestro comporte une certaine sécurité qui encourage la prise de risque, mais il faut quand même rappeler aux comédiens et aux directeurs de prendre un risque. Par le biais des directeurs, les joueurs du Maestro ont une plus grande opportunité de faire des choix qu'ils éviteraient normalement. Le directeur les aidera à se remettre sur la bonne voie si la scène est en difficulté. Il faut toutefois faire attention à ne pas adopter une conception de l'échec où le groupe cherche à créer des erreurs artificielles. Lorsque les artistes considèrent l'idée d'échec comme valable en soi, ils peuvent jouer stupidement ou faire semblant de se tromper. Cela semble (et est ressenti comme étant) artificiel et forcé. Jouez au plus haut niveau d'intelligence. L'échec surviendra sans qu'on ait besoin de le provoquer.

Picnic Improvisación Teatral - Monkey Fest
Bogota, Colombie
📷 *par Sebastián Gomez*

TRAVAIL D'ÉQUIPE

Maestro EST un travail d'équipe. Le spectacle peut être présenté comme une compétition, la survie du plus fort, un combat se terminant avec un seul participant debout (c'est ainsi que beaucoup de groupes le présentent), mais la véritable leçon est que les comédiens, les directeurs, les techniciens, les bénévoles et le public de Maestro font tous partie de la même équipe.

Maestro additionne les couches de soutien. Le regard du directeur est là pour apporter ce qui pourrait manquer au comédien sur scène. Les comédiens en coulisse sont là pour soutenir une scène avec laquelle le directeur aurait perdu le contact. Et le public réaffirme en fin de compte ce qu'il veut et corrige le résultat avec ses votes. Maestro n'est pas une question de gloire individuelle, mais plutôt une question de travail d'équipe pour offrir au public un bon spectacle. Le public revient semaine après semaine comme membre de cette équipe.

I Bugiardini - Rome, Italie
📷 *par Elisa Pizza*

COMPÉTENCES

La structure d'un format bien construit offre une assurance supplémentaire de prendre soin des improvisateurs et du public les soirs où les comédiens ne sont pas au meilleur de leur forme. Cependant, le fait de se fier uniquement au format ne saurait remplacer le développement des compétences. Renforcer vos compétences vous aidera à créer le contenu qui remplira le cadre du format Maestro. Voici d'autres fondamentaux suivis de jeux/exercices connexes tirés d'IMPRO FOR STORYTELLERS :

Le BIG IF - Festival d'Impro, Barcelone, Espagne
📷 *par Riccardo Salamanna*

Spontanéité/Moment présent
Notre peur d'être jugés et notre désir d'être aimés nous poussent à chercher dans notre tête ce qu'il faut faire ensuite. En tant qu'improvisateurs, nous nous entraînons à être présents, sinon nous ne voyons ou n'entendons pas ce qui se passe, nous ne pouvons pas réagir honnêtement et ne pouvons pas travailler efficacement avec nos partenaires. Voici quelques scènes/exercices autour du thème du moment présent :
- Wide Eyes – p. 205/206
- Emotional Sounds – p. 268-270
- Emotional Goals – p. 184/185
- Hat Games – p. 19, 156-161
- Mantras – p. 270-274
- Sandwiches – p. 236/237
- Making Faces - p. 162-168

Contrôle
Les questions de contrôle sont abordées sous deux angles : ceux qui ne renonceront jamais au contrôle et ceux qui ne prennent jamais le contrôle ou ne font jamais de propositions. Pour ceux qui ne renoncent pas au contrôle, ce comportement (associé à la peur) nous empêche d'accepter les propositions de notre interlocuteur. Il nous garde dans le même état émotionnel auquel nous avons choisi de nous accrocher. Il nous garde en sécurité ; nous ne révélons rien de nous-mêmes et enchaînons les scènes sans être altérés d'aucune façon.

À l'inverse, la crainte de prendre le contrôle met toute la pression sur nos partenaires pour qu'ils fassent des offres et fassent avancer les choses. La peur de se tromper nous crie : « Suis ! Ne fais rien d'autre que ce qu'on te demande ! » Dans Maestro, les joueurs qui oublient leur faculté à prendre des initiatives peuvent poser problème. Ils s'habituent à écouter les directeurs et ne développent pas leurs propres capacités à faire des propositions fortes et à lancer leurs propres scènes. D'autres peuvent ne pas apprécier une voix ou opinion extérieure et vouloir ignorer de bons conseils. Ils peuvent aussi ne pas vouloir jouer un rôle secondaire, de passager, dans une scène entière alors que c'est exactement ce qui est nécessaire. Dans Maestro, trouver un équilibre entre les deux facettes du contrôle est un objectif qui en vaut la peine. Voici quelques exercices qui jouent avec le partage ou le transfert des responsabilités :
- Tug of War p. 57/58
- Word at a Time – p. 114-115, 131-134, 329
- One Voice – p. 171-177
- He said/she said (Stage Directions) – p. 195-199
- Dubbing (Synchro) – p. 171 -178
- Moving Bodies – p. 200-202
- Passengers – p. 230

Être physique
Les agents de sécurité d'un aéroport observent combien vous parlez lorsqu'ils vous posent des questions. Les personnes stressées parlent beaucoup et continuent à parler longtemps après avoir répondu à ce qui leur a été demandé. Cet état peut être observé partout où le stress est en jeu. Parler trop et expliquer nos sentiments et nos désirs est une défense humaine primordiale. Pour l'improvisateur, une alternative est de jouer physiquement pour que le corps au lieu de

l'intellect puisse raconter des histoires. Faire confiance au corps permet de libérer l'esprit de la pression qui l'oblige à faire tout le travail. Les comédiens et les directeurs doivent remarquer quand le spectacle devient raide et verbal. Ils doivent être à l'affût des moyens d'ajouter du jeu physique, même avec des personnages secondaires ou des éléments scéniques. Des scènes de groupe physiques sont possibles, surtout dans les premiers rounds.

Voici quelques exercices pour se concentrer sur l'aspect physique.

· Justify the Gesture – p. 193-195
· Gibberish – p. 185/186, 214-219
· Changing the Body Image – p. 276-277
· People as Objects – p. 303-304
· Sit/Stand/lie – p. 366/367

Status

Le status existe à chaque instant. Il crée une ligne directe vers la définition de la relation entre les personnages, et entre l'environnement et les personnages. C'est notre importance relative par rapport à tout ce et à tous ceux qui nous entourent. Notre status est une partie de notre personae qui est en mouvement constant par rapport au monde dans lequel nous existons. Jouer avec les éléments de status révèle un comportement humain dramatique et fascinant auquel le public se réfère à un niveau profond. Voici quelques exercices qui examinent l'interaction des status.

· Various Status Exercises – p. 219-231
· Master/Servant – p. 240/241
· Making Faces – p. 162-168
· Pecking Orders – p. 168
· King Game – p. 237-240

Récit

Le public voit une histoire dans chaque chose et se souviendra des histoires improvisées longtemps après que les jeux et les gags aient été oubliés. Nous recommandons d'encourager les compétences narratives. Elles fournissent les outils nécessaires pour façonner une soirée de théâtre improvisé digne d'intérêt, et non pas seulement des heures de remplissage et de bouffonnerie. Grâce à ces compétences, les artistes deviennent moins dépendants des jeux, concours de plaisanteries et gags. Si nous pouvons apprendre à voir et à prendre en compte les allusions à l'histoire, nous avons

une meilleure idée de ce qui pourrait arriver ensuite. Le mouvement d'une épaule crée une histoire de séduction. L'éclat dans les yeux du patron fait passer l'histoire d'un licenciement à quelque chose de plus sinistre. Chaque offre est une promesse que le public interprète. Comprendre la tendance naturelle à voir une histoire dans tout ce que nous faisons devrait nous amener à cultiver et à développer des compétences narratives efficaces.

Outre l'utilisation d'exercices narratifs structurés comme ceux énumérés ci-dessous, les directeurs de Maestro chercheront des occasions pour guider le récit dans des scènes ouvertes, voire extraire des structures narratives de certains jeux. « Interrogations », par exemple, ne doit pas être un simple jeu de devinettes, mais une reconstitution du puzzle de l'histoire.

· Various Story Games – p. 130-154
· What Comes Next – p. 134-142
· Typing Game – p. 151-154
· Word at a Time – p. 114-115, 131-134, 329

Un piège dangereux pour les improvisateurs est tout comportement qui leur permet d'éviter l'inconnu. Faire des blagues inutiles aux dépens de l'histoire, rester distant et non affecté puis se dégonfler, ou ne pas définir ce qui doit l'être sont autant de tactiques destructrices. Les directeurs et les formateurs doivent être conscients de ces dérobades et encourager les joueurs à continuer sans crainte.

« Nous avons découvert qu'un bon Maestro devrait toujours avoir une ou deux personnes sur scène avec peu ou pas d'expérience. Pour nous, cela fait toujours de meilleurs spectacles. »
Gerald Weber · Theatre Anundpfirsich, Zurich, Suisse

④

PRÉPARATION

· 1 ou 2 directeurs

· 12-15 improvisateurs (dans un spectacle de 90 minutes à 2 heures. 9-12 improvisateurs dans un spectacle de 60 minutes)

· 1 MC (ou « maître de cérémonie », NDT) dont la tâche principale est de prendre les votes du public entre les scènes

· Porte-bloc/stylos/papier pour que le MC prenne des notes sur les scènes

· 1 responsable des scores dont le but est de tenir les scores à jour sur un tableau visible

· Porte-bloc/stylos/papier pour le responsable des scores afin de prendre des notes sur les scores/joueurs

· 1 tableau des scores suffisamment grand pour que le public puisse voir clairement la progression des joueurs

· 12-15 étiquettes de noms - (si votre tableau des scores peut faire glisser les noms)

· Stylos, craies, notes autocollantes, etc. - En fonction des besoins de votre système de notation

· 12-15 dossards ou badges numérotés avec mécanisme de fixation (clips/broches/aimants)

· 12-15 jetons numérotés - à faire piocher dans le bol par les directeurs

· 2 bols - l'un pour prendre les numéros et l'autre pour les déposer

· 1 trophée

· 1 public

· Optionnel : scénographes, accessoires, costumes, techniciens, musiciens, lumières, son

Le tableau des scores

Des compagnies du monde entier ont essayé diverses structures pour administrer et présenter la notation au cours d'un spectacle Maestro. Des plaques coulissantes sur lesquelles est inscrit le nom du comédien font partie des grands classiques. Ces plaques nominatives se déplacent sur des pistes numérotées, comme des chevaux de course qui avancent sur une piste en deux dimensions – que les improvisateurs norvégiens d'Oslo ont créée – mais avec des animaux qui coulissent le long des rails. Les plaques nominatives sur le tableau correspondent aux numéros que les joueurs sur scène portent sur leurs vêtements. (Voir photo p. 53)

D'autres groupes utilisent des craies sur des tableaux noirs ou des marqueurs sur des tableaux blancs, les chiffres étant actualisés au fur et à mesure que les scores tombent. Ces dernières années, certains groupes d'impro ont incorporé des tableaux d'affichage projetés qui s'atténuent pendant les scènes pour ne pas détourner l'attention. (Vous pouvez contacter l'une de ces compagnies pour acheter les applications qu'elles ont conçues pour leurs tableaux d'affichage projetés.) Un groupe allemand a utilisé des tours de Lego géantes empilées pour chaque joueur au fur et à mesure qu'ils accumulaient des points.

Le tableau des scores doit être surélevé et placé dans une position accessible au responsable des scores, mais également visible par les directeurs et le public. Les noms et les numéros doivent être inscrits clairement afin de pouvoir être lus à distance.

> « Les gens ne devraient pas "sauter dans le vide". Commencez par jouer un spectacle de vingt minutes avec moins de joueurs. Lorsque vous êtes doués, jouez une partie professionnelle. »
> *Keith Johnstone*

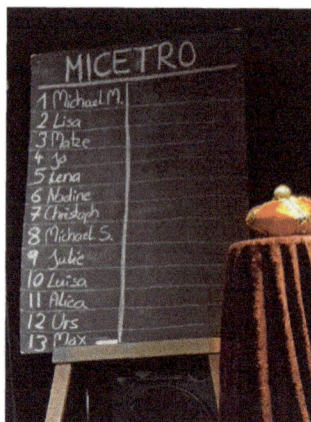

Der Kaktus - Würzburg, Allemagne
par Nicolas Dreher

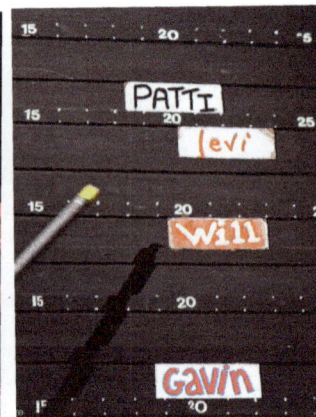

Loose Moose Theatre - Calgary, Canada
par Kate Ware

Dossards/Badges

Dans Maestro, chaque joueur porte un numéro visible que les directeurs et le public peuvent voir distinctement. Ces numéros correspondent aux jetons numérotés dans les bols et aux scores des joueurs sur le tableau. Un maillot de sport léger (dossard) avec le numéro imprimé sur le devant permet d'être le plus visible, mais les gros badges, autocollants ou brassards fonctionnent également. Il est important que les numéros soient bien attribués à leur propriétaire et ne s'envolent pas dans des scènes physiques. Si vous utilisez des badges, les épingles sont possibles mais les aimants sont moins dangereux.

Jetons/Bols

Devant les directeurs sont placés deux bols peu profonds. L'un d'eux contient les numéros qui correspondent aux joueurs de la distribution. L'autre est le bol de défausse. Au théâtre Loose Moose de Calgary, le bol de défausse est métallique. Les chiffres sont écrits sur les deux faces de grosses pièces de métal, qui font un gros bruit satisfaisant lorsqu'elles sont jetées dans le bol métallique. Il est utile que les bols aient un aspect différent. Le fait d'avoir deux bols distincts permet d'éviter toute confusion quant au bol dans lequel les prochains joueurs doivent être piochés. L'impression des chiffres en gros caractères gras sur les deux faces des jetons permet une identification rapide et facile dans les conditions de faible luminosité du théâtre.

De nombreuses compagnies utilisent des balles de ping-pong avec des numéros. Après quelques faux pas où les balles finissent par rouler sur la scène, vous comprendrez pourquoi les gros jetons sont préférables.

Loose Moose Theatre
Calgary, Canada
par Heather Smith

Durée

Généralement, Maestro prend la forme d'un spectacle de deux heures comprenant un entracte de quinze minutes après la première heure. (La seconde partie doit être un peu plus courte que la première.) Certains groupes, limités par le temps, se produisent avec une distribution plus restreinte dans des spectacles de 45 à 75 minutes sans pause.

Espace

Pendant des années, le Maestro joué à la Cairo Kultur House de Würzburg, en Allemagne, s'est déroulé dans une salle minuscule bondée de moins de 25 spectateurs, tandis que les 12 membres de la distribution du Maestro étaient entassés sur les rebords des fenêtres et le bord de la scène lorsqu'ils ne jouaient pas. Ces soirées étaient amusantes et pleines d'énergie. Finalement, leur succès a obligé le spectacle à se dérouler à l'étage dans une salle plus grande, selon des dispositions plus classiques pour le Maestro.

L'espace idéal pour Maestro est une scène pouvant accueillir toute la troupe, assise sur le bord de la scène ou juste en dehors, sans trop se bousculer. Il est bon d'avoir des sièges de chaque côté de la scène afin que tous les acteurs puissent y accéder facilement s'ils sont appelés ou s'ils sont inspirés par la scène de quelqu'un d'autre.

Soyez prudent en plaçant les improvisateurs hors scène trop près des zones éclairées de l'espace de jeu, car ils peuvent devenir une distraction indésirable pour le travail scénique. Une autre raison de ne pas rendre les acteurs visibles tout le long du spectacle est que cela les dispense d'être continuellement « en représentation ». Il est plus facile de soutenir le spectacle de manière détendue sans une constante pression de performance.

Placement des directeurs

En général, les deux directeurs de Maestro sont assis là où ils ont la meilleure vue des comédiens sur scène. N'hésitez pas à placer les directeurs au premier rang. Cela peut donner au spectacle l'impression de briser le mur invisible, ce qui met en évidence une différence entre le théâtre traditionnel et l'improvisation. Cela permet également d'avoir le meilleur point de vue sur la mise en scène. Des groupes comme Det Andre Teatret et Loose Moose Theatre laissent un siège intermédiaire entre les deux metteurs en scène. Ce siège est fonctionnel, car il donne accès aux bols de numéros correspondant aux joueurs, aux chapeaux (pour les jeux du chapeau) et à tout ce que les directeurs souhaitent avoir sous la main. Des groupes comme Impro Melbourne placeront une petite table devant les directeurs pour y poser leurs accessoires. En outre, dans certains lieux, un microphone (sur pied ou portatif) est utilisé pour sonoriser les directeurs, afin d'être entendus jusqu'aux derniers rangs. Si vous dirigez dos au public, parlez fort afin qu'ils soient entendus.

Impro Melbourne - Melbourne, Australie
par Mark Gambino

AVANT LE SPECTACLE

Theatre Anundpfirsich - Zurich, Suisse

📷 *par Theatre Anundpfirsich*

Atelier d'échauffement

Dans de nombreux théâtres où l'on joue le Maestro, une séance d'avant spectacle permet à la compagnie de s'échauffer avant le spectacle du soir. Il est possible de tenir compte des faiblesses du spectacle précédent et d'aborder les compétences qui pourraient devoir être travaillées. Si le dernier spectacle manquait de personnages se laissant affecter, par exemple, vous pourriez travailler sur cet élément dans l'actuelle session d'avant spectacle. L'atelier d'échauffement est également utile pour les directeurs, car il leur permet de voir qui est présent et qui pourrait être dans un bon esprit pour la représentation de ce soir-là. Cette formule n'est pas un indicateur parfait de l'état des comédiens, mais elle est utile dans une situation où les directeurs n'ont peut-être jamais rencontré certains des acteurs avec lesquels ils vont travailler.

Faites attention à ne pas faire de ce cours une audition pour le spectacle. L'objectif est de réduire la pression et d'amener les gens à interagir de manière saine. Nous ne voulons pas qu'ils soient en compétition pour des places. Certains groupes rendent l'atelier d'avant spectacle obligatoire et d'autres le laissent ouvert à tous ceux qui souhaitent participer, quel que soit leur rôle dans le spectacle. Certains groupes font leur présélection à l'avance, mais gardent la séance ouverte à toute la compagnie. L'atelier d'échauffement renforce la solidarité du groupe, et offre la possibilité de développer des compétences d'improvisation.

« Un spectacle qui s'ouvre sur trois excellentes scènes est sérieusement mis en péril, car il ne laisse aucune autre issue que la descente. (Jack Benny a dit la même chose à propos d'une standing-ovation lorsqu'il entrait en scène.) Nous n'avons pas besoin de scènes merveilleuses au début, et une scène désastreuse peut être très précieuse pour faire comprendre au public que l'improvisation n'est pas aussi facile qu'il n'y paraît parfois ! »

Keith Johnstone

Rassemblement d'avant spectacle

La rencontre préalable au spectacle, qui suit la séance de travail, est essentielle au bon déroulement du Maestro. Ce rituel de rassemblement et de révision des rôles a un effet unificateur et focalisant.

Certains groupes choisissent les joueurs avant ce regroupement, mais beaucoup d'entre eux déterminent les comédiens juste avant le spectacle. Un groupe de 12 à 15 joueurs sera sélectionné parmi les participants à ce rendez-vous.

Ceux qui dirigent le rassemblement d'avant spectacle : attribuent les rôles, rappellent aux membres de la compagnie ce qu'ils pourraient essayer d'accomplir, et ajoutent toute autre remarque qui contribuera à une expérience positive pour le public.

Dans certains théâtres, c'est le directeur ou les directeurs qui dirigent la rencontre d'avant spectacle, tandis que dans d'autres, ce sont des personnes prédéterminées qui en sont responsables. Quel que soit l'organisateur du rassemblement, il convient d'être efficace et de prêter attention aux besoins de la compagnie et du spectacle.

Assurez-vous que l'équipe technique est prête. Il est bon de présélectionner les techniciens improvisateurs qui peuvent avoir besoin de temps pour préparer le son, avoir des exigences pour les instruments destinés à incorporer de la musique live, ou s'acclimater à la console d'éclairage, etc. C'est un bon moment pour présenter ces techniciens improvisateurs par leur nom et signaler tout élément technique pouvant concerner le reste de la troupe. (ex. : la scène sera nettoyée avant le spectacle, alors marchez avec précaution, les lumières côté jardin nous ont posé quelques problèmes, alors soyez prêts à bouger si les lumières disparaissent soudainement, etc.) Certains groupes choisissent le MC avant la rencontre du soir, mais dans une troupe de théâtre où l'on est suffisamment confiants pour attribuer ce rôle lors du rassemblement d'avant spectacle, alors il y a un côté plaisant à ce que la personne qui assure ce rôle se porte volontaire parce qu'elle est inspirée à ce moment-là.

On demande au groupe : « Qui aimerait jouer ? ». Si le nombre de mains levées est supérieur au nombre de places disponibles sur scène, le responsable choisit le nombre approprié pour jouer. Il choisit les participants selon diverses qualités déterminées en partie par les valeurs que votre compagnie essaie de porter. Bien qu'il puisse sembler que le niveau de compétence soit la chose la plus importante

Impro Japan
Tokyo, Japon
📷 par Impro Japan

pour choisir les comédiens, gardez en tête que dans certains théâtres, Maestro est utilisé comme format de formation pour encourager les nouveaux joueurs à se lancer et à développer leurs compétences. C'est à vous de choisir. Nous vous suggérons un mélange d'artistes allant de personnes relativement expérimentées à des improvisateurs plus novices.

Grâce à l'importante distribution de Maestro, les scénographes peuvent être des comédiens hors scène qui aident à déplacer les éléments du décor ou à débarrasser la scène des accessoires et objets utilisés. Des scénographes spécialisés qui ne sont pas des acteurs peuvent également être choisis à la discrétion du directeur du spectacle.

Les besoins de votre théâtre vous dicteront d'autres rôles qui n'ont peut-être pas été mentionnés ici. La réunion d'avant spectacle est un bon moment pour répartir les membres de la compagnie sur des postes qui assureront le bon déroulement de votre soirée. (Qui installe les fauteuils ? Qui est chargé, après le spectacle, de s'assurer que tout le monde range les costumes et les accessoires ?) Certains groupes désignent un régisseur chargé d'effectuer ou de déléguer ces tâches. Le fait d'avoir un régisseur permet également d'alléger la tâche des directeurs qui réfléchissent au spectacle à venir et de faire en sorte que quelqu'un écarte les questions ou préoccupations d'avant spectacle.

MAESTRO EN DÉTAIL

Rapid Fire Theatre
Edmonton, Canada
📷 par Marc Julien Objois

Le MC :

· souhaite la bienvenue au public
· présente le groupe/la compagnie, le spectacle, lui-même et les directeurs
· explique comment le public attribuera des points après chaque scène et entraîne au vote

Il/Elle fait entrer les acteurs sur scène, qui se présentent efficacement en disant leur nom. Si votre distribution a des invités de passage, ces joueurs peuvent dire d'où ils viennent. Certains groupes trouvent qu'il est agréable de présenter l'endroit d'où l'on vient, même s'il s'agit d'une banlieue locale, mais lorsque des informations supplémentaires sont ajoutées au début du spectacle, il faut le faire avec efficacité et non pas comme une règle ou une habitude. Si le maestro du précédent spectacle est présent, il peut être présenté comme le gagnant de la semaine ou du mois dernier. Ensuite, on présente le trophée, et enfin on passe le relai aux directeurs.

EXEMPLE D'OUVERTURE

· « Bienvenue à Maestro Impro™ de Keith Johnstone..
· Ce soir, nous accueillons 13 joueurs qui interpréteront des scènes dirigées par nos deux directeurs. (noms)
· Les directeurs tireront des jetons dans un bol sur lequel sont inscrits des numéros. Ces numéros correspondent à ceux que porte chaque joueur et que l'on voit également sur le tableau des scores.
· Vous, le public, devrez noter les scènes et, tout au long du spectacle, en fonction de leurs scores, des joueurs seront éliminés. À la fin, il ne restera plus qu'un seul improvisateur qui deviendra le Maestro de la soirée ». (Entraînement au vote ci-dessous)

· « Maintenant, faisons connaissance avec les joueurs de ce soir..
(Les joueurs entrent, s'alignent sur la scène et se présentent.)
Remarque : il ne s'agit pas d'une procédure rigide. Ils n'ont pas à entrer comme des écoliers, alignés dans le bon ordre numérique.
Et nos improvisateurs joueront pour le très convoité billet de cinq dollars
(Montrez le trophée.)
Je vais maintenant passer la parole à nos directeurs.
Bon spectacle ! »

MC ET RESPONSABLE DES SCORES

« J'ai toujours appelé le présentateur "responsable des scores", parce que je ne veux pas qu'il prenne le dessus et commence à divertir le public. L'appeler présentateur lui donne trop de pouvoir. »
Keith Johnstone

La fonction première de ce rôle est de faire voter l'attribution des points et de donner au public les informations dont il a besoin au début du spectacle. Avec l'aide du responsable des scores, le MC assure le bon déroulement du spectacle, en tenant les scores à jour et en compilant la liste des scènes, ce qui peut faciliter la séance de retours après le spectacle.
Bien que le MC soit chargé de recueillir les votes, la clôture du spectacle est généralement laissée au joueur gagnant du Maestro.

Le MC fait ses annonces, ainsi que la promotion des autres spectacles au début de la deuxième partie, y compris la présentation au public des techniciens improvisateurs et des personnes en soutien (scénographes en coulisses, lumières, son, bénévoles, etc.). En général, le MC doit être efficace, charmant et capable de cadrer facilement le public en cas de besoin.
Il/Elle ne doit pas viser à être drôle ou divertissant(e). Son travail consiste à rendre le format clair et à aider le spectacle à se dérouler efficacement. Il/Elle n'est pas un coach ni un juge, et doit faire attention à ne pas mettre son opinion dans le processus de jugement de la scène - laissant cela au public.

> « Un bon MC peut assurer le bon déroulement des opérations et ne monopolisera pas
> les feux de la rampe. »
> *Tom Salinsky - The Spontaneity Shop, Londres, Angleterre*

VOTES/NOTATION

La description du vote au début du spectacle doit être faite en utilisant une terminologie simple. « 1 est pour une scène que vous n'avez pas aimée et 5 est pour une scène que vous avez vraiment aimée ». La tendance de presque tous les MC est de dire « 1 pour une scène horrible, pourrie et affreuse, et 5 pour la meilleure de tous les temps ». En exprimant la fourchette de cette manière, il est difficile pour le public de voter pour les 1 et les 5 et cela pose problème lorsqu'il faut procéder aux éliminations.

Exercez le public à voter. Cela l'entraîne à s'exprimer, et l'encourage à voter en utilisant toute la plage de scores.

Tout d'abord, entraînez-les sur un vote faible. Dites-leur qu'ils viennent de voir une scène qu'ils n'ont pas aimée. Récapitulez les scores et assurez-vous qu'ils ont bien compris que c'était le moment pour eux de voter des 1 et des 2. Ensuite, faites-leur voter pour une scène qu'ils ont aimée. S'ils ont compris vos instructions, ils devraient maintenant applaudir pour les 4 et les 5. Il est fréquent que des spectateurs qui reviennent se comportent mal et que certains votent délibérément contre ce que vous voulez qu'ils fassent pendant l'échauffement. Veillez à ce que le vote du public pendant la phase d'entraînement soit bien compris, sinon vous aurez des problèmes plus tard dans le spectacle.

En terminant sur le vote positif, on peut espérer passer à la suite du spectacle sur un sentiment positif.

Ce petit script explique succinctement l'entraînement au vote :
  « Après chaque scène, vous lui mettrez une note sur une échelle de 1 à 5. Disons que vous avez vu une scène que vous n'avez pas appréciée. Était-ce un 1 (souligner), un 2 - 3 - 4 - 5 ? (en passant plus vite par ces derniers chiffres pour dissuader les spectateurs qui ne veulent que faire des blagues.) Maintenant, disons que vous avez vu une scène que vous avez appréciée. Était-ce un 1 - 2 - 3 - 4 (en parcourant rapidement les premiers chiffres) ou un 5 ? (souligner). »

NB: le soulignement est là uniquement pour aider à illustrer la procédure de vote. Veillez à ne jamais insister sur une note particulière dans les votes officiels.

Picnic Improvisación Teatral - Monkey Fest Bogota, Colombie par Fernanda Pineda

Det Andre Teatret - Oslo, Norvège par Kjetil Aavik

> « L'entraînement au vote autorise public de donner des
> 5 et des 1. »
> *Keith Johnstone*

Pendant le spectacle, à la fin des scènes, les artistes quittent la scène et s'assoient sur le côté. Le MC vient prendre le vote. Comme mentionné précédemment, l'inflexion vocale lors de la présentation des notes au public doit être la même pour chacune afin de n'influencer personne. En fonction du volume et de l'enthousiasme des applaudissements du public, le MC déclare le score. Par exemple, « Cette scène valait un 3 ». Le spectacle se poursuit pendant que le responsable des scores met discrètement à jour les points des joueurs impliqués dans la scène.

Si les applaudissements pour deux notes sont similaires et que le MC n'est pas sûr de pouvoir départager, il doit être encouragé à prendre la note la plus basse. Lorsqu'il/elle entend des scores identiques pour 3 et 2, il/elle peut simplement annoncer : « Cette scène valait un 2 ».

Choisir le score le plus bas a son importance, car nous ne voulons jamais paraître meilleurs que nous ne le sommes. Si le public n'est pas satisfait de ce choix, il votera probablement plus fort la prochaine fois. S'il exprime sa désapprobation, il peut être encouragé à se battre davantage pour obtenir la note qu'il souhaite la prochaine fois.

Dans l'ensemble, nous tâchons de convaincre le public que nous prenons son vote au sérieux. Il nous arrive donc de faire répéter le vote lorsque le score est trop serré. Lorsque le vote est divisé – les applaudissements pour 4 et 5 sont similaires par exemple -, on informe le public qu'il y aura un vote uniquement pour ces deux chiffres. « Est-ce que ça valait un 4 ? » (attendre les applaudissements) « Est-ce que ça valait un 5 ? » (attendre les applaudissements) À ce stade, une décision est prise. Même une mauvaise décision vaut mieux que de retarder encore le spectacle. C'est un outil à utiliser avec modération, mais il peut être amusant d'entendre le public voter à nouveau pour exprimer son avis avec plus de ferveur.

I Bugiardini
Rome, Italie
par Elisa P.

Les MC de Maestro peuvent soutenir les membres minoritaires du public qui votent pour un score faible. Si une femme seule applaudit discrètement pour un 1, elle se taira presque instantanément lorsqu'elle apprendra que personne ne soutient son opinion. Le MC peut dire : « Oui ! Votez comme vous le pensez ! » Ce subtil encouragement pourrait enhardir d'autres personnes trop timides à voter bas, alors que c'est ce qu'elles pensaient réellement de la scène.

Nous n'essayons pas de faire en sorte que le public vote bas. Nous essayons d'amener le public à s'exprimer honnêtement, car la plupart des théâtres dans le monde impliquent que leur travail est supérieur au public, et que s'il n'est pas apprécié, c'est la faute du public, pas des artistes, des metteurs en scène et des auteurs. En improvisation, cela ne pourrait pas être plus éloigné de nos intentions.

Si nécessaire, rappelez au public que seuls les applaudissements seront pris en compte, et non les acclamations. Si les gens crient, expliquez-leur qu'il est facile de juger leur opinion sur une scène par leurs applaudissements, mais que les acclamations ne permettent pas de juger équitablement. Des voix fortes ou des huées et des cris peuvent perturber le résultat du spectacle, aboutissant sur un groupe final de joueurs que la majorité du public n'a pas choisi.

Il est bon que le responsable des scores note le numéro de chaque joueur de la scène en cours, tels que choisis par le directeur. Cela permet de savoir quelles étiquettes seront avancées après le vote.

NB : parfois, nous rappelons aux spectateurs que leur vote détermine le gagnant du spectacle, nous le faisons si chaque score est le même, pour leur rappeler la valeur du vote et que ce sont eux qui façonnent le spectacle à venir.

« Nous avons promis une récompense aux premiers joueurs qui obtiendraient 1 pour leurs scènes. Nous n'en avons toujours pas eu. Cela arrive non pas parce que nous sommes des joueurs hors pair, mais parce que le public est encore trop poli. »
Giuseppe Marchei, i Bugiardini, Rome, Italie

ROUNDS DE SCÈNES

Généralement, dans un spectacle à 12 ou 13 comédiens, les premiers rounds ont tendance à avoir plus de monde et plus de structure. Bien que cela soit typique, ce n'est pas une règle. Une scène pour deux personnes après un jeu pour quatre personnes participe à la variété.

Voici à quoi pourrait ressembler un exemple de rounds :

· Premier round : un mélange de scènes à 2, 3 et 4 personnes (sans élimination). Il est fort probable que celles-ci proposent plus de jeux et de structures.
· Deuxième round : une série de scènes à 2, 3, 4 personnes, se terminant éventuellement par notre premier solo de la soirée.
· Première élimination. En général, la première partie dure environ 50 minutes. (entracte si nécessaire)

· Round éclair (une manche rapide qui permet d'accélérer le rythme et d'ajouter de la diversité - voir ci-dessous) : pour une plus grande variété et arriver plus rapidement à la prochaine élimination.
· Deux ou trois derniers rounds : scènes plus longues, scènes à deux personnes, à moins qu'il n'y ait une bonne raison d'en ajouter une troisième personne. Davantage de solos. (généralement moins de jeux).
· Tie-breaks ou confrontation pour mettre fin à la soirée, à moins qu'un joueur ne soit loin devant.

Comme le dicte la structure du Maestro, les rounds de scène raccourcissent à mesure que les éliminations ont lieu et qu'il reste moins de joueurs. Ceci est intentionnel et participe à l'intensité croissante qui développe l'arc du spectacle.

Again! Productions
Paris, France
par Michel Gauthier

ROUNDS ÉCLAIR

Imaginez une situation dans laquelle vous avez terminé une série de scènes et êtes prêts à éliminer des joueurs. Malheureusement, vous regardez le tableau des scores et vous vous rendez compte que trop ou trop peu de joueurs seraient éliminés. Une option consiste à jouer un rapide round éclair. Un round éclair est une série de scènes d'une minute qui apportent généralement une variété dans les notes, ce qui facilite l'élimination en bousculant un peu les scores.

Il faut comprendre que ces scènes durent au maximum une minute mais peuvent certainement être plus courtes. Si vous estimez qu'il faut couper au bout de 30 secondes, faites-le.

En général, après deux rounds et la première élimination, s'il y a encore beaucoup de participants en jeu ou si les improvisateurs restants ont tous des scores similaires, c'est le bon moment pour recourir à cette méthode.

Dans un round éclair, les directeurs doivent donner peu d'indications, voire aucune. Un round dépourvu de suggestions initiales peut encourager les joueurs à prendre l'initiative. Avec la pression du temps, l'action a tendance à avancer plus vite et le subconscient peut être amené à s'ouvrir. Les scènes sont souvent plus légères et moins riches.

Au-delà d'être un outil d'élimination, les rounds éclair peuvent aussi pimenter le spectacle par leur rythme et leur atmosphère, mais ils ne sont pas un must. Il n'est pas recommandé d'utiliser les rounds éclair comme procédure standard.

« Nous sommes des improvisateurs qui jouent sur le thème de la compétition dans un spectacle. Le drame est dans la tension des éliminations. Alors profitez-en ! » *Jeff Gladstone - Vancouver, Canada*

Det Andre Teatret
Oslo, Norvège
par Kjetil Aavik

ÉLIMINATIONS

Un round se termine lorsque tous les joueurs restants ont marqué des points pour avoir joué dans une scène. Il n'y a généralement pas d'élimination après le premier round, afin que chaque joueur puisse avoir au moins deux scènes. Les éliminations devraient avoir lieu après la deuxième manche. Le nombre de joueurs à éliminer est laissé à la discrétion du directeur. En éliminer trop, trop tôt pourrait être désastreux si vous gardez trop peu de joueurs pour remplir le reste du temps alloué. Ne pas en éliminer suffisamment réduit la force de Maestro, celle de tendre progressivement vers un enchaînement de scènes fortes, à condition que votre casting de joueurs soit réduit aux plus solides de la soirée.

Lorsque les directeurs annoncent les noms des éliminés, les joueurs doivent s'avancer et dire au revoir au public. Il faut bien clarifier qui est hors jeu et qui va continuer. Les joueurs partent humblement et heureux du rôle qu'ils ont joué. Ils accrochent leurs dossards sur le côté ou déposent leurs badges dans une boîte.

L'élimination dans Maestro signifie que les joueurs sont hors jeu. Ils se trouvent un endroit pour regarder le reste du spectacle. S'il y a des rôles de soutien au spectacle qui n'ont pas été remplis, comme faire la scénographie, compter les points ou rédiger des notes et des statistiques sur les scènes, ils peuvent passer à cette fonction. N'invitez pas les joueurs éliminés à entrer dans les scènes. Une partie de l'enseignement de Maestro a pour but que les joueurs de tous niveaux s'entraînent à soutenir ceux qui sont encore en jeu. Nous sommes convaincus que les directeurs et les acteurs restants assureront le reste du spectacle à mesure que la distribution se réduit au dernier survivant. Le fait de rentrer dans les scènes une fois que les joueurs sont éliminés atténue le drame potentiel des éliminations.

DIRECTEURS

Qui devrait diriger

La direction est une compétence qui se cultive. La direction d'improvisation n'a pas grand-chose à voir avec la direction de théâtre traditionnel. Dans l'idéal, les directeurs de Maestro sont des acteurs expérimentés qui ont passé du temps à enseigner, à coacher ou à diriger des groupes d'impro. Les directeurs d'impro doivent être capables de garder la tête froide sous la pression et de mettre leur ego de côté. Les meilleurs directeurs sont souvent ceux qui savent innover pour inspirer leurs partenaires, qui peuvent réagir avec confiance et qui comprennent les besoins du spectacle. Ils ont de solides compétences en matière de narration et comprennent diverses structures de jeu.

« De bons directeurs, désintéressés, sont nécessaires et difficiles à trouver. »
Tom Salinsky - The Spontaneity Shop, Londres, Angleterre

Responsabilité

En résumé, les directeurs sont considérés par le public comme responsables de la qualité des scènes. Avoir des directeurs compétents peut aider à libérer les acteurs de la pression d'être parfaits, pertinents ou drôles, cependant nous devons former les artistes à prendre des initiatives pour rendre le directeur inutile. Avec un bon directeur, les acteurs peuvent être encouragés à explorer des émotions vraies et à improviser sans hésiter.

Le groupe tout entier, y compris les joueurs dans les rôles techniques, travaille en équipe pour créer un spectacle plein de risques et de variété. Voici comment Keith envisage le rôle de directeur :

Picnic Improvisación Teatral - Monkey Fest
Bogota, Colombie
par Fernanda Pineda

« Les directeurs sont responsables de la réussite du show. Cela doit être expliqué par le MC au début du spectacle, et peut — voire devrait — être répété après toute scène ayant reçu un score très bas : voilà, les directeurs sont responsables de la qualité de cette scène. »

Keith Johnstone

Défis

Diriger Maestro peut s'avérer difficile, gratifiant, extrêmement riche, et invite à rester calme quand le spectacle s'emballe autour de vous comme une tornade.

Dans un scénario normal, vous êtes assis à côté d'un autre directeur pendant deux heures d'impro, vous amorcez des scènes et vous essayez d'aider les improvisateurs à mettre sur pied une soirée de divertissement variée avec un large éventail d'histoires, quelques images intéressantes, quelques bouts de folie et vous gérez calmement les naufrages occasionnels. Certaines histoires sont mises en scène avec une idée de départ dans l'esprit du directeur. (« Romance au bureau d'un politicien ») La plupart sont mises en scène pour répondre aux besoins des comédiens. (Les deux improvisateurs que j'ai choisis se regardent comme… des espions. C'est une scène d'espionnage).

La meilleure façon d'apprendre à bien faire les choses est de les commencer et de faire des erreurs. Comme vous improvisez également, ne vous attendez pas à faire un travail parfait.

Le défi permanent est de transmettre les bonnes informations au bon moment.

L'autre défi consiste à se taire lorsque les comédiens font des choix pertinents.

« Je pense que ma première expérience en tant que directeur de Maestro Impro™ a été l'une des plus stressantes que j'ai vécues sur scène. Aujourd'hui, seulement 8 ans plus tard :-), je suis un peu plus détendu quand je joue Maestro Impro™ en tant que directeur. »
Giuseppe Marchei - i Bugiardini, Rome, Italie

Coup de Comedy Festival
Orange County, États-Unis
par Dale Dudeck

Qui et quand diriger

Lors d'une soirée typique de Maestro, vous devriez disposer de 12 improvisateurs parmi lesquels piocher. Trois d'entre eux sont peut-être vos meilleurs improvisateurs qui font des spectacles avec un succès constant. Trois d'entre eux sont peut-être nouveaux dans votre compagnie et ce soir, c'est la toute première fois qu'ils montent sur scène. Les 6 autres personnes sont des improvisateurs dont l'expérience se situe quelque part entre les deux autres groupes. Grâce à la sélection aléatoire des comédiens dans les premiers rounds du spectacle, vous êtes certain d'avoir un mélange de compétences réclamant toute votre attention.

Après quelques éliminations, vous vous retrouverez, espérons-le, avec vos meilleurs joueurs choisis par le public. À ce stade, vous pouvez commencer à lever le pied sur les suggestions. Faites confiance aux comédiens qui ont résisté aux éliminations. Vous devriez avoir l'impression de lâcher les rênes et de laisser galoper les chevaux au fur et à mesure que le spectacle avance.

Vous n'êtes pas un directeur rigide à temps plein au sens strict du terme, mais plutôt un directeur flexible qui sait quand renoncer au contrôle, comme l'exige le spectacle. En principe, c'est en début de soirée que les compétences du directeur sont le plus mises à l'épreuve, et cette charge s'atténue à mesure que les votes éliminent ceux qui pourraient avoir davantage besoin de votre aide.

*Det Andre Teatret
Oslo, Norvège
par Kjetil Aavik*

« Vous n'avez pas à essayer de sauver chaque scène. »
Keith Johnstone

Préparation pour diriger

Avant le spectacle, certains directeurs se créent un pense-bête avec diverses idées sur certains aspects du spectacle :
· inspirations de scènes (scène dans une station spatiale, Jack et le haricot magique du point de vue du géant, un jardinier entrant en contact avec le lapin qui lui vole ses carottes)
· des personnages (le dernier ours polaire, un extraterrestre humanoïde rencontrant l'humanité, un vieil oncle raciste)
· des questions pour les comédiens (poser une question du genre : quelle est votre résolution du Nouvel An ? Qu'est-ce qui vous met en colère dans la société actuelle ? Qu'est-ce que vous vouliez faire plus tard quand vous étiez enfant ?)
· des éléments qui ajoutent de la variété (Cher Journal pour une scène solo, scène dans une autre langue, émission radio dans le noir)

Vous pouvez envisager d'annoter votre liste avec le nombre de joueurs (quelques pistes de scènes en solo, quelques exercices à 4 joueurs, etc.)

N'utilisez cette antisèche qu'en cas de besoin. L'excès de planification est un risque, car il peut vous couper de ce qu'il se passe réellement sur scène, si vous êtes en train d'anticiper un contenu sans pertinence avec le moment présent.

Suivez votre propre instinct et celui des improvisateurs. Vos listes sont des suggestions pour un spectacle hypothétique. Le spectacle réel sur scène exige souvent quelque chose de différent de ce que vous pourriez prévoir. Les bons directeurs peuvent prendre des notes avant le spectacle et y jeter un coup d'œil en fin de soirée pour constater qu'ils n'ont presque rien fait sur leur liste. Pour beaucoup de gens, ce genre de liste peut renforcer la confiance du directeur, comme une façon de se dire : si tout va mal, j'ai une ou deux options sous la main. Grâce à cette confiance supplémentaire, la plupart des directeurs n'auront pas du tout besoin de la liste, car leur esprit spontané se sent suffisamment sûr pour réagir.

Choix des joueurs

Dans 90 % des cas, les directeurs choisissent des numéros au hasard dans les bols. Mais il arrive qu'ils veuillent choisir des joueurs spécifiques pour des raisons précises. Par exemple :

· un comédien qui se sent à l'aise dans une scène en solo
· mettre un invité avec un joueur qui en prendra soin
· développer les compétences d'un joueur et l'associer à d'autres personnes susceptibles de l'aider
· essayer un masque ou une scène musicale dans cette partie du spectacle, avec un joueur que cela inspire
· lorsque beaucoup ont le même score, choisir les joueurs ayant des scores différents les uns des autres - pour une plus grande diversité dans les points

Les bols doivent être larges et peu profonds. Pourquoi ? Parce qu'il est plus facile de voir les chiffres lorsqu'il est pertinent de choisir des joueurs. Les directeurs ne doivent pas abuser de la possibilité de manipuler les chiffres, mais ne doivent pas devenir trop rigides quant au respect de la règle selon laquelle les choix sont 100 % aléatoires. Si un choix contribue à inspirer les comédiens, à créer un meilleur spectacle, à développer les artistes ou à rendre le public plus heureux, il est alors possible de contourner les règles pour aider le spectacle. (Utilisez cette suggestion avec modération !) Certains groupes s'évertuent à prouver que les numéros sont choisis au hasard. Ils demandent au MC de choisir les numéros ou à l'autre directeur de les tirer. Mais dire : « Shawn, choisis trois numéros pour moi » est une façon plutôt inefficace de faire monter les gens sur scène, alors que vous pourriez simplement piocher des numéros et les appeler vous-même.

Le choix des numéros permet également aux directeurs d'abandonner une idée de départ pour une meilleure au fur et à mesure qu'ils annoncent les numéros. Si le directeur veut initialement 3 personnages pour une scène de restaurant, mais qu'il constate ensuite que les deux premiers candidats qui viennent de monter sur scène semblent inspirés l'un par l'autre, une meilleure idée de mise en scène peut lui venir à l'esprit. Il pourra alors s'adapter et écarter le troisième numéro avant de s'engager à tous les utiliser dans la scène.

Loose Moose Theatre
Calgary, Canada
📷 *par Heather Smith*

Prise en compte des joueurs

Proposez une scène, par exemple : « deux personnes à un arrêt de bus ». Si les joueurs ne semblent pas inspirés par cette suggestion, proposez immédiatement autre chose. « Et si on s'évadait de prison ? » Une bonne idée est une idée qui inspire les joueurs, pas une idée qui fait simplement plaisir au directeur.

« Si vous avez une excellente idée, par pitié, ne l'utilisez pas, sauf si les joueurs en ont besoin. Un directeur peut avoir des idées toutes les cinq secondes — et peut-être devrait-il en avoir — mais si les idées ne sont pas nécessaires, elles seront perturbatrices et vous dirigerez trop. »
Keith Johnstone

Variantes et entraînement

En fonction des disponibilités et du niveau de confiance, certains Maestros font parfois appel à un seul directeur. Cela est possible pour les directeurs chevronnés lorsque toutes les autres variables sont positives et que les comédiens sont en forme.

Une deuxième variante pour les directeurs en formation consiste à faire asseoir un novice ou « apprenti directeur » sur un troisième siège à côté des autres directeurs. L'apprenti peut observer et prendre des notes, sans jamais avoir à diriger quoi que ce soit. Ou alors, on peut lui demander s'il aimerait diriger une scène ou deux ; le cas échéant, posez-lui la question discrètement, afin qu'il n'ait pas la pression de bien faire.

Pour entraîner vos directeurs, la variante « apprenti » est utile. Les cours et les ateliers sont également bénéfiques pour acquérir le feeling, le timing et la sagesse de la direction.

La meilleure formation pour un directeur d'impro est de se confronter directement à ce rôle devant un public.

Gorilla Theatre™ est un bon moyen de travailler vos compétences avant Maestro. Être responsable d'une scène toutes les 20 minutes environ est bien plus facile que d'encadrer chaque scène du spectacle.

« Le directeur parfait est un maître zen ! » *Simone Bonetti - Bologne, Italie*

Initiative des joueurs

Lorsque la relation directeur/joueur est déséquilibrée et que les joueurs ont été implicitement formés à attendre les instructions du directeur, les joueurs peuvent perdre leur initiative à commencer des scènes et se retiendront au lieu d'aller de l'avant.

Avant le spectacle, encouragez les comédiens à prendre des initiatives en leur disant que lorsqu'ils sont appelés sur scène, ils peuvent parfois démarrer leurs propres scènes. Les improvisateurs tirés au sort peuvent se regarder et se sentir motivés pour commencer sans suggestions. Ils peuvent entamer un rendez-vous, un entretien d'embauche, etc. sans attendre de directives. Dans ce cas, le travail du directeur devient plus facile. Les comédiens sont déjà inspirés et les directeurs peuvent simplement réagir à ce qu'il se passe. Nous ne voulons pas que les joueurs s'autodirigent tout le temps, mais le danger des formats dirigés serait de priver les improvisateurs de leur initiative. Incitez-les à en prendre. Précisez aux comédiens avant le spectacle que si une scène démarrée à leur initiative se plante dans les 15 premières secondes, vous avez la possibilité de l'interrompre et de leur demander s'ils souhaitent recommencer. Dans ce cas, vous pourrez leur proposer quelque chose d'autre.

Dans les cas où les directeurs tendent à contrôler les joueurs du début à la fin du spectacle, ces derniers commencent à se sentir impuissants. Certains joueurs s'insurgent et reprochent au format d'être trop contraignant, tandis que d'autres cèdent aux restrictions et abordent le spectacle comme des marionnettes qui attendent que les directeurs tirent des fils pour décider à leur place. La question de l'initiative concerne autant les joueurs que les directeurs.

Coup de Comedy Festival - Orange County, États-Unis
📷 par Joel Veenstra

Relations

Le moyen le plus simple pour qu'il se passe quelque chose sur scène est de suggérer un élément qui modifiera la relation entre les personnages. (Keith définit cette « action dramatique » comme le changement d'une personne par une autre). Trouver des moyens de modifier les personnages par le biais de leur relation est bien moins stressant que d'essayer de trouver une bonne idée.

Les bonnes idées n'existent pas dans l'absolu. Focaliser les comédiens sur les relations rend une histoire plus immédiate et plus personnelle. Étonnamment, on hésite toujours à approfondir les relations sur scène. Si les comédiens jouent le rôle d'un maître et d'un serviteur dans un château, resserrez la relation. « Dites à votre serviteur que vous l'avez regardé dormir la nuit. » « Dites à votre maîtresse que vous êtes tombé amoureux d'elle. » « Dites à votre serviteur que vous êtes en fait son père. » Même les relations a priori non humaines sont concernées ; renforcez la relation. « Le pigeon a un message autour de sa patte que vous lisez. » « La vieille photo sur le mur n'est pas le fruit du hasard, on dirait vous, votre mère, votre meilleur ami. » « Un soir, quand vous priez, une voix vous répond. » L'animal ou l'objet est alors rapproché par des liens affectifs.

« Une suggestion qui laisse les joueurs indifférents devrait être instantanément remplacée par une deuxième suggestion - ou une troisième, ou une quatrième. Les comédiens sont là pour enchanter le public... pas pour plaire aux directeurs. »
Keith Johnstone

Questions/Déclencheurs pour inspirer les joueurs

Une bonne technique de directeur consiste à poser une question aux joueurs avant la scène, par exemple : « Qu'est-ce qui vous inspire, qu'est-ce qui vous rend fou, qu'est-ce qui vous effraie ? » Ensuite, suggérez une situation pour l'explorer. Certains directeurs demandent parfois aux joueurs : « Avez-vous quelque chose ? ». Cela se produit généralement vers la fin du spectacle et presque toujours avant une scène solo. Demandez aux joueurs quel travail ils voulaient faire à 5 ans, puis donnez-leur une scène dans laquelle ils exerceront cette profession. Non seulement ils seront inspirés, mais le public s'intéressera tout particulièrement au fait de voir une personne faire quelque chose qu'elle souhaitait réellement. N'oubliez pas de faire avancer la scène lorsque les occasions se présentent.

Demandez-leur ce qui les énerve dans le monde puis donnez-leur une chance de résoudre le problème. Rob Mitchelson, de Loose Moose à Calgary, a explosé sous le coup de l'émotion en se rappelant ses problèmes de bureaucratie à l'hôtel de ville. Ce qui provoque en vous une émotion honnête est plus intéressant que de vous voir faire semblant de trouver de l'intérêt là où il n'y en a pas.

Posez des questions qui touchent le comédien à un certain niveau émotionnel. « Commencez la scène en disant ce que vous aviez en tête juste avant de faire votre demande en mariage. » Si, en tant que directeur, vous commencez à cerner les personnes avec lesquelles vous travaillez, vous ne devriez pas avoir trop de mal à adopter leur point de vue et songer à ce qui pourrait les inspirer, les challenger ou les impliquer personnellement. La plupart de ces idées sont celles que l'on cherche à mettre en avant en tant que directeurs.

- « Pouvez-vous jouer votre fils quand lui et ses amis parlent de leurs parents ? »
- « Dans une scène en solo, pouvez-vous être votre logique se disputant avec votre libido dans un bar ? »
- « Pourriez-vous jouer votre professeur préféré/détesté en montrant en quoi il/elle vous a changé(e) ? »
- « Convainquez la Mort que vous méritez un jour de plus ! » (peut-être un peu pesant pour certains et pas le meilleur choix

pour l'ouverture, mais on sait que la plupart des spectateurs se demanderont : « Que ferais-je dans cette situation ? »)
- « Faites une fête avec des variantes de vous-même. »
- « Voyagez dans le temps avec un message pour vous-même. »
- « Faites-vous interviewer par une chaîne de sport au sujet de votre premier baiser. »
- « Faites la scène que vous auriez aimé faire avec votre patron qui vous en demandait trop. »
- « Montrez-nous le paradis dont vous êtes le dieu. »

Excès de direction

Erreur courante, l'excès de direction risque de se produire si le directeur sait comment il jouerait la scène, ou s'il a une vision de la manière dont la scène devrait se développer, comme si elle était scénarisée. L'empathie d'un directeur qui se met dans la peau du comédien et sait comment il pourrait jouer la scène est un don, du moment que celle-ci ne lui fait pas oublier qu'une scène peut se dérouler de plusieurs façons.

Entraînez-vous à voir à travers la peur et la confiance du comédien. Vous ne comprenez peut-être pas son choix, mais s'il a l'air sûr de lui et que la scène se passe bien, laissez-lui de la place pour jouer. Si les joueurs sont expérimentés, vous n'aurez peut-être pas du tout besoin de diriger une scène. Si vous dirigez quand vous n'en avez pas besoin, vous aurez l'air étouffant, dans le contrôle. Les directeurs à la main lourde qui souhaitent être la star de Maestro n'inspirent pas leurs partenaires en leur donnant toutes les actions et les répliques. Peu de joueurs aiment jouer le scénario de quelqu'un d'autre pendant toute la soirée quand ils viennent pour jouer librement. Faites ce que vous pouvez pour encourager les joueurs à suivre leurs impulsions, à proposer leurs idées et à réagir sans attendre un coaching permanent.

Les directeurs devraient résister à l'impulsion de diriger ce qu'un improvisateur est sur le point de faire ou de dire. C'est une tentation à laquelle il faut résister. Soyez invisible quand on n'a pas besoin de vous. Les scènes peuvent prendre de nouvelles directions si vous laissez les improvisateurs s'aventurer en dehors de vos idées.

Det Andre Teatret
Oslo, Norvège
📷 *par Kjetil Aavik*

Det Andre Teatret, Oslo, Norvège 📷 par Kjetil Aavik

Manque de direction

En vous montrant trop timide au moment où votre intervention serait salvatrice, vous verrez la scène s'éparpiller et devenir laborieuse. Lors de la séance de retours après le spectacle, si vous vous entendez dire : « J'ai failli intervenir, mais… », vous saurez que vous auriez probablement dû parler. Si vous laissez une scène dérailler pendant trop longtemps, il sera beaucoup plus difficile de la sauver. Au moins, si vous intervenez, la douleur est partagée, même si vous ne pouvez pas résoudre le problème. Ce n'est pas une science exacte, mais si vous avez tendance à dire : « J'aurais dû suivre mon impulsion », alors prenez plus de risques.

Nouveaux directeurs

Quand on commence à diriger, il se peut que l'on cherche à en faire trop. Les nouveaux directeurs ont l'impression qu'ils ne doivent rien laisser passer. Cette pression génère du stress. En réaction, votre corps sécrète du cortisol et de l'adrénaline. Votre rythme cardiaque s'accélère et votre pression sanguine augmente. Votre cerveau passe en mode « attaquer ou fuir » et restreint vos compétences d'observation.

Ce stress vous rendra aveugle à ce qui est important. Lorsque vous débutez en tant que directeur, spécialisez-vous dans 2 ou 3 des aspects essentiels de l'improvisation et recherchez-les dans les scènes. En recherchant le minimum, votre cerveau se détend. L'esprit détendu captera plus que ces 2 ou 3 choses choisies au départ. Paradoxalement, en essayant d'en faire moins, vous accomplirez plus.

Voici certaines pistes de direction à envisager (au début, prenez-en simplement une ou deux) :

· Prêtez attention aux débuts de scène négatifs
· Prêtez attention aux relations ignorées (encouragez les relations entre personnages)
· Demandez-leur de définir quand ils évitent de le faire.
· Faites-les réagir aux choses qui feraient réagir toute personne normalement constituée : « Revenez en arrière et réagissez fortement à la proposition, au pistolet, au fantôme, au cadeau, au mensonge… »
· Remarquez les propositions que le public voit, mais qui échappent aux comédiens.
· Faites-leur tenir leurs promesses. « Je te quitte. » « Partez ! » « Brandissez une arme… Tirez ! » « Je t'ai apporté un cadeau. » « Ouvrez-le ! ». « Grimpez sur la montagne, entrez dans la grotte, embrassez-vous… »

Maestria Impro
Nantes, France 📷 *par Nicolas Barretau*

Résumé des compétences de direction

Parmi les compétences utiles pour savoir diriger, on peut citer :

· la conscience des besoins du spectacle
· la conscience des limites des joueurs
· la capacité à inspirer le joueur
· la volonté de réagir aux besoins d'une scène et l'aptitude à se plonger dans une situation difficile, même lorsque le directeur n'est pas sûr de la bonne réponse (il vaut parfois mieux faire quelque chose et échouer, plutôt que de ne rien faire et de laisser ses partenaires échouer tout seuls)
· une bonne perception de l'état d'esprit du public et l'aptitude à ne pas se laisser induire en erreur par ses envies immédiates, trompeuses, d'humour facile ou de références banales
· l'aptitude à résister aux gratifications immédiates et à faire confiance à vos partenaires sur scène (les comédiens)
· un ego équilibré qui permet aux comédiens de briller au-delà de vos propres idées, opinions ou souhaits artistiques
· une conscience des multiples possibilités narratives à tout moment
· la capacité de renoncer à ses propres idées au profit de nouvelles directions

Les directeurs développent leurs compétences par la pratique. Dirigez pendant les cours, suivez des ateliers sur la direction, observez de bons directeurs.

« En tant que directeur, votre travail consiste à dissiper la peur des acteurs et à leur donner la permission de prendre de gros risques sur scène. »
Giuseppe Marchei, i Bugiardini, Rome, Italie

Directions utiles

Dites parfois… « Commencez une scène. » ou « Commencez. » (aucune suggestion)

Repérez les cas où la suggestion a été ignorée (une joueuse vous regarde tandis que l'autre la regarde). Dites : « Remarquez que numéro 4 a déjà commencé la scène ». Si les improvisateurs sont un peu désynchronisés, vous pouvez les faire avancer en clarifiant ce qui se passe. « Tina veut que vous soyez son majordome », « Allez dormir pour que Gérald soit la petite souris et monte à votre fenêtre ».

Avancez. Vous seriez surpris de constater à quel point il est facile de diriger en disant simplement « avancez ». Beaucoup d'improvisateurs retardent l'action parce qu'ils ont peur. (peur de définir, peur de montrer leurs émotions, peur d'improviser). Si l'on verse du poison, il vaut mieux l'ingurgiter et provoquer une forte réaction. Si vous attendez à l'entrée d'une grotte, vous feriez mieux d'y entrer. Écoutez les chuchotements du public. Vous entendrez parfois les voix, « embrasse-la » lorsque le couple a montré les signaux de ce qui doit arriver. Avancez.

Si quelqu'un dit oui à une demande en mariage, vous avez le droit de passer à la lune de miel. Si un chef cuisinier fait des remarques sur le tranchant d'un couteau, envoyez quelqu'un s'empaler dessus. Cette crainte d'aller de l'avant est particulièrement vraie pour les sujets sombres, risqués ou tabous. Les improvisateurs, surtout les débutants, ont souvent peur de ce genre de matériel, mais si l'histoire va dans cette direction, n'ayez pas peur de la suivre. Si l'histoire est ennuyeuse et que vous pouvez l'animer en y ajoutant un peu de piquant, faites-le.

Définissez. Guettez sur scène les mots comme « choses », « trucs » et « je ne sais pas ». Lorsque le comédien a peur de définir, la scène ne peut pas avancer. Donnez un nom à l'animal de compagnie. Sébastien le taureau est bien mieux que de nourrir « l'animal ». L'ascension du mont Sinistre implique bien plus que d'escalader une montagne lambda.

Orientez les acteurs vers l'action plutôt que vers les mots. Voir un improvisateur enjamber le rebord de la fenêtre est plus intéressant que de l'entendre dire à son patron qu'il est déprimé et furieux qu'on le licencie. Illustrez au lieu de narrer. N'oubliez pas les détails pratiques. Encouragez les gens à parler fort et à articuler. Encouragez les joueurs à ralentir s'ils se sentent un peu nerveux. Sous l'effet du stress, nous parlons trop, trop vite, et sur un ton plus aigu. De bonnes suggestions pour ralentir les gens consistent à dire des choses comme

Grund Színház
Budapest, Hongrie
📷 *par Grund Színház*

« faites le reste de la scène comme si vous étiez sous l'eau ». Les directeurs doivent donner aux acteurs quelque chose de constructif ou de créatif à faire plutôt que de simplement défaire ou rejeter ce qui se passe déjà.

En tant qu'improvisateur/enseignant/coach aguerri, votre sens de l'évidence devrait être assez développé. Vous devriez savoir d'expérience que ce qui vous frappe en premier a tendance à être le meilleur choix. Soyez celui qui garde l'histoire sur la bonne voie et qui amène les comédiens à justifier leurs choix lorsque des singularités surviennent, ou qui revient en arrière et écarte les choix bizarres.

Aller à l'évidence n'a aucun sens si l'on ne tient pas compte du contexte, en se basant sur ce que les comédiens ont déjà établi. Prenez garde à ne pas simplement substituer votre évidence à la leur. Par exemple, imaginez que le public suggère une scène sur un élève en retenue. Votre première pensée pourrait être que l'élève est sexuellement précoce, mais les improvisateurs établissent rapidement que le professeur est en fait jaloux de son caractère audacieux. La scène ne traite plus de sexualité et il n'est pas souhaitable que les joueurs reviennent en arrière et utilisent votre idée à la place.

> « Le contenu devrait s'améliorer au fur et à mesure que la soirée avance. »
> *Keith Johnstone*

JOUEURS

Conseils

Montez sur scène en improvisant.

Réagissez à la chemise rayée de votre partenaire (en prenant des photos du dernier zèbre). Répondez au sourire de votre partenaire.

« Je ne dirai rien à personne pour nous deux, si tu fais pareil… ».

Engagez-vous avant le spectacle à commencer UNE scène sans l'intervention du directeur.

Votre inspiration est votre force. Si vous déléguez continuellement votre inspiration, vous vous entraînez à l'ignorer à l'avenir. En jouant avec votre inspiration, vous allez très probablement commencer une scène qui vous donne envie.

Si l'objectif du directeur est de créer une atmosphère qui vous inspire, vous et le public, alors votre initiative soutient cette vision.

Cette beauté de faire le premier pas sur scène est votre soutien envers les directeurs. Ils ressentiront moins la pression de devoir porter l'ensemble du spectacle et, avec moins de stress, ils pourront mieux jouer leur rôle. De plus, votre initiative donne un choix aux directeurs. Ils peuvent choisir de laisser la scène avancer parce que vos propositions soutiennent les besoins du spectacle, ou d'interrompre la scène et en redémarrer une qui sera mieux adaptée au moment. Vous avez doublé vos chances d'obtenir une bonne scène et amélioré le spectacle.

Lorsqu'une scène se termine, les joueurs doivent libérer la scène pour le MC et éviter de perdre du temps en simagrées ou émotions supplémentaires.

Bonne/Mauvaise conduite

Votre attitude sur scène peut profiter ou nuire à un Maestro. C'est valable pour n'importe quel spectacle, mais tenez compte des qualités de Maestro qui dépendent spécifiquement de votre conduite.

Au moment de voter, de nombreux spectateurs ressentent au départ une hésitation à mettre une mauvaise note à une scène qui mérite un score faible. Certains membres du public craignent pour votre sécurité émotionnelle. Si vous prenez un air meurtri en recevant une note de 1 sur 5, ils seront moins enclins à voter sincèrement la prochaine fois qu'une scène méritera une note basse. Quoi qu'il arrive, ils mettront 3 ou plus, et Maestro deviendra artificiel et déconnecté des véritables sentiments du public. Vous entraînez votre public à être honnête en lui montrant que les notes ne vous affectent pas. Certains comédiens ont magnifiquement salué la salle suite à des scores faibles, et annoncé dans un sourire : « Ce public ne comprend rien à l'art véritable ! » De par sa réponse enjouée, le public est rassuré de savoir que l'acteur n'est pas blessé, et se sent plus confiant pour exprimer ce qu'il ressent. On ne voudrait pas voir ce genre de comportement après toutes les scènes, mais c'est le bon état d'esprit.

La façon dont vous vous comportez au moment où la lumière s'éteint en fin de scène joue grandement sur la note qu'elle recevra. En tant que comédien, vous pourriez avoir l'impres-

sion que la scène n'était pas très bonne. Votre désarroi a beau être réel (vous sortez en faisant la tête, telle une baudruche dégonflée), le public se retrouve pris entre son opinion et la vôtre. Il a peut-être aimé la scène, mais il la notera moins haut parce que vous lui avez déjà signifié qu'elle ne valait pas son appréciation.

À l'inverse, avez-vous déjà assisté à un spectacle où les improvisateurs se jettent des fleurs (ouvertement ou non), alors que votre avis est tout autre ? C'est un signe de déconnexion que d'êtres trop fiers d'un travail médiocre devant un public payant ! Laissez-le juger. Appréciez ce que vous faites, mais trouvez le niveau approprié d'autosatisfaction.

Concept exploité dans les formats Theatresports™ et Gorilla Theatre™, la mauvaise conduite est moins présente dans Maestro. Bien que les comportements malicieux soient encouragés à un certain degré dans la plupart des formats de Keith, il faut veiller à ce que les comédiens enclins à la mauvaise conduite ne détournent pas l'attention de la structure.

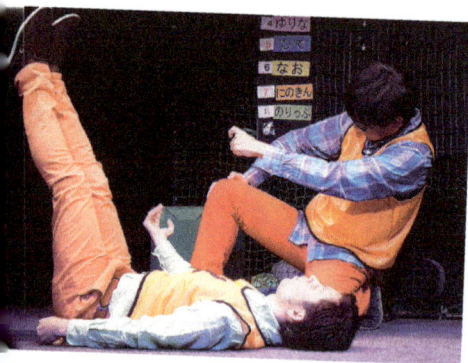

Impro Japan - Tokyo, Japon 🇯🇵 par Impro Japan

Rejoindre une scène

Les improvisateurs peuvent entrer dans des scènes dans lesquelles ils n'ont pas été appelés au départ. Ils peuvent s'y joindre pour camper un figurant (le serveur dans un restaurant) et découvrir que leur rôle a pris une signification narrative. Ou bien il arrive qu'ils entrent dans une scène mais soient écartés par un directeur qui voit leur participation comme une source de distraction.

Lorsqu'un improvisateur entre dans une scène en cours, il n'est pas noté s'il a déjà reçu une note dans ce round ou si son rôle dans la scène n'était qu'en toile de fond du récit. S'il n'a pas joué et n'a pas été noté lors de ce round, et si sa participation a compté dans la scène, on lui demande s'il souhaite être inclus dans le score. S'il répond oui, il recevra le score que le public aura attribué. Si le comédien choisit de ne pas être inclus dans la notation, il pourra participer à une autre scène de ce round. C'est toujours amusant de regarder ce moment empreint de dramaturgie où le comédien choisit d'être inclus ou non dans la notation de la scène.

> « J'aime jouer sur les enjeux d'être impliquée dans la notation d'une scène, ou insister sur le pari, mais en disant hardiment quelque chose du genre : "Oui ! je veux être incluse dans la notation de cette scène, je ne pourrai jamais improviser quelque chose de mieux toute seule", ou "Non - ne m'incluez pas, je peux faire beaucoup mieux". Si on le dit avec l'œil qui pétille, vous pouvez soit gagner un public, soit jouer le rôle de "mauvais élève" de la soirée. »
>
> *Rebecca Northan - Loose Moose Theatre, Calgary / Spontaneous Theatre, Toronto, Canada*

FIN DU JEU

Si un spectacle dépasse le temps prévu, il est possible de déclarer simplement vainqueur celui qui est en tête. En cas d'égalité des scores ou de score similaire, il existe plusieurs façons satisfaisantes de déterminer le champion dans une épreuve de force finale. Le cas échéant, le public vote pour celui qui a réussi techniquement et a le mieux contribué à la scène, ou simplement pour celui qu'il a le plus apprécié. Voici quelques suggestions. Expérimentez par vous-mêmes et voyez ce qui fonctionne.

Les tie-breaks - À deux

· Jeu du chapeau - (deux meilleurs rounds sur trois) (voir IMPRO FOR STORYTELLERS p. 156-161)
· La scène la plus crédible de « Je t'aime » - (entre des trolls, dans un ascenseur, à la bibliothèque, etc.) (IFST p. 272-273)
· Un status bas et heureux - (IFST p. 223-224)
· Un status haut et heureux - (IFST p. 223-224)
· Catch avec les jambes, ou autre défi physique sans danger
· Scène sans P - trois faute et vous êtes éliminé ; faute pour manque de prises de risque. Sinon, jouez une scène pendant que le responsable des scores compte le nombre de fois où les gens prononcent le son « P » et annoncent le gagnant (IFST p. 188)
· Scène rimée (IFST p. 245-246)
· Pas de questions/seulement des questions
· (toute scène à deux personnes peut également fonctionner)

Les tie-breaks - À trois ou plus

· Jeu du chapeau - (soit en commençant une nouvelle scène à chaque élimination, soit en continuant pendant que le joueur vaincu trouve un prétexte pour partir lorsqu'il perd son chapeau) La version avec les yeux bandés du jeu du chapeau est particulièrement appréciée dans certains théâtres (IFST p. 160)
· Die Game/Story Story Die - avec/sans les morts - (lorsque l'inclusion des morts rend le jeu amusant, court et varié.) Certaines personnes comprennent mal les « morts » dans les Die Games. Après avoir fait un jeu verbal, il est bon de varier avec du physique, un peu de mime pour contraster la parole dans le cas présent. Bien sûr, personne ne veut voir quelqu'un faire semblant de se suicider, alors ne vous contentez pas de mimer un pistolet sur la tête ou quoi que ce soit d'aussi flagrant. Si le public vous propose « Banc public », terminez votre repas

sur le banc, léchez le reste de votre repas sur vos doigts puis appréciez le goût de vos doigts et continuez jusqu'à ce que vous vous soyez dévoré… Le but n'est pas de faire des scènes de mort sérieuses (surtout à la fin du spectacle). (IFST p. 183-184)

· Scène sans P - (voir ci-dessus)

· Questions - (voir ci-dessus)

· Devinette en grommelot - 90 secondes. (si une personne est en tête, les deux autres peuvent s'affronter pour aider le meneur à deviner le métier, la relation, la situation/problème de la scène) Le public décide qui passera au tie-break final avec le candidat en tête.

· Pecking order (ordre hiérarchique, NDT) (IMPRO p.97-99)

Paris, France
📷 *par Eduardo Larrain*

Scènes solos - (Le public vote pour celui qu'il a le plus apprécié si vous devez rapidement mettre fin au spectacle - sinon vous risquez de vous retrouver avec une égalité sur les bras si des joueurs obtiennent des scores identiques.)

· Cher journal - (écrire les entrées du journal - les directeurs [ou le joueur] disent souvent « le lendemain » pour que la scène avance dans le temps)

· jouez tous les personnages

· scène avec une/des marionnette(s)

· Voix maléfique - (une voix à l'intérieur de vous surgit)

· rupture ou premier rendez-vous - (jouez les deux rôles, ou avec votre main en tant que marionnette)

· donnez une conférence Ted - (ou un discours similaire - major de promotion, discours politique)

· scènes avec un membre du public

· évasion de prison

· scènes de mime, avancer/ne pas avancer - (avec des sons émotionnels)

· vivez le cycle biologique d'un animal choisi par le public

· jouez les moments forts de votre vie, de la naissance à la mort

· jouez un de vos conte de fées ou film préférés en solo, en quelques minutes

· conversation téléphonique d'un seul point de vue

· Et après, version solo (IFST p. 141)

· chanson

· monologue expliquant pourquoi l'autre finaliste devrait être maestro

· (la plupart des gages du Gorilla Theatre™ conviennent)

LE GAGNANT ET LA FIN DU SPECTACLE

*Impro Japan
Tokyo, Japon*
📷 *par Impro Japan*

La fin du spectacle est le point d'orgue de ce que nous espérons avoir été une soirée divertissante, pleine de variété et de spontanéité. Mieux vaut conserver l'enthousiasme et le rythme après la dernière scène, jusqu'au moment final où les lumières se rallument et où le public quitte votre théâtre en ayant fait le plein de bons souvenirs et d'émotions fortes.

Dès que l'on a un gagnant (suite à un tie-break, ou simplement parce que les points le désignent comme le champion du Maestro), on remercie et applaudit rapidement les finalistes, puis l'attention se porte sur le gagnant pour voir si le public pense qu'il mérite le trophée. Le champion du Maestro est probablement la personne que le public souhaite voir gagner. Cette personne doit être traitée comme le public voudrait être traité lui-même s'il avait gagné le spectacle.

EXEMPLE DE CLÔTURE

MC : « Et si nous applaudissions notre finaliste (deuxième place) Alfonso ? » (Le deuxième joueur se met sur le côté et le trophée est remis.) « Thérésa est la championne du Maestro mais… le public a une dernière tâche à accomplir. Vous devez décider si elle mérite ou non ce billet de 5 dollars. » « Tous ceux qui pensent que Thérésa ne mérite pas les 5 dollars, veuillez applaudir maintenant. » (Attendez la réponse) « Tous ceux qui pensent qu'elle mérite le trophée, applaudissez maintenant. »

Le gagnant reçoit le trophée et tous les joueurs éliminés entrent en scène (sur une musique triomphante) pour célébrer la victoire du maestro. Le gagnant accepte le trophée et s'adresse brièvement au public, le remerciant d'être venu et lui souhaitant un bon retour chez lui. Les propos du vainqueur doivent être brefs, positifs et refléter le sentiment que vous souhaitez transmettre au public. Thérésa : « Merci d'être venus, tout le monde. N'oubliez pas les autres spectacles que nous proposons ici. À la prochaine ! »

(Tout le monde salue, applaudit, fait la fête et se dirige en coulisses/hors scène.) Les autres comédiens doivent soutenir le vainqueur avec enthousiasme et repartir en donnant au public l'impression que vous êtes partis pour fêter comme il se doit la victoire du maestro.

gauche :
*Loose Moose Theatre
Calgary, Canada*
📷 *par Kate Ware*

*Maestria Impro
Nantes, France*
📷 *par Nicolas Barreteau*

« L'image de bienveillance donnée par les perdants qui félicitent le gagnant est pour moi la véritable fin du Maestro, et l'image que les spectateurs devraient emporter avec eux en sortant du théâtre. C'est pourquoi nous ne saluons pas. Ce qui compte, c'est de voir le vainqueur être emporté dans le triomphe et l'approbation. »
Keith Johnstone

LE TROPHÉE

*Le BIG IF - Festival d'impro
Barcelone, Espagne*
📷 *par Riccardo Salamanna*

Si vous mettez en jeu un trophée vraiment extraordinaire, alors les ego des artistes, et même les souhaits du public, s'en retrouveront faussés. Traditionnellement, le trophée de Maestro ne vaut pas grand-chose, mais les improvisateurs lui accordent une grande importance. Le trophée ne doit pas être intentionnellement stupide ou difficile à valoriser pour les comédiens. Très tôt dans le développement de Maestro, le trophée désigné au Loose Moose Theatre était un billet de 5 dollars canadiens encadré. Il représentait quelque chose, mais pas assez pour pousser les artistes à se battre avec acharnement pour l'obtenir. Le cadre élégant autour du billet en renforçait la valeur.

⑥

LE SOUCI
DU DÉTAIL

Theatre Anundpfirsich
Zurich, Suisse, 📷 *par Theatre Anundpfirsich*

« La clé pour un bon Maestro est d'écouter le public comme si c'était un acteur sur scène. »
Simone Bonetti - Bologne, Italie

CONTENU

Le contenu de votre spectacle dans le cadre du format est, bien entendu, soumis aux compétences des acteurs ainsi qu'aux goûts et à la direction artistique de votre groupe. Keith Johnstone s'est toujours efforcé de guider ses spectacles Maestro (et tous ses autres spectacles, d'ailleurs) loin des propositions uniquement légères ou superficielles. Le désir est d'orienter les spectacles vers la variété et la connexion avec le public qui nous rend visite. Des scènes mémorables de Maestro font écho avec celles de tout spectacle, qu'il s'agisse de théâtre improvisé ou traditionnel. Voici quelques scènes vécues dans le monde entier :

· Une bataille épique avec le spectre de la mort où la fille se propose pour protéger son père et découvre que l'on ne peut pas aller à l'encontre de l'ordre naturel des choses.
· Le sujet difficile de « comment on fait les bébés » qui a fait rire les spectateurs de longues minutes après la fin de la scène, tellement l'enfant avait mis ses parents mal à l'aise en invoquant des images crues révélant ce qu'était vraiment le sexe.
· Les coulisses des discussions entre les autorités et les grandes entreprises concernant l'oléoduc censé traverser les montagnes Rocheuses au Canada.
· Des erreurs intergalactiques rappelant l'histoire de la Terre avec les cultures indigènes.
· Une histoire avant de dormir pour un jeune spectateur, basée sur son histoire vraie d'amitié avec une mouche.

Aucune structure de jeu n'a été incorporée dans les scènes en question, mais les spectacles dans lesquels elles ont eu lieu avaient également des jeux très structurés, comme « Yes, let's » (« Oui en groupe », NDT), « Un mot à la fois », ainsi que des exercices farfelus, ce qui équilibrait les besoins de chaos, de pathos et de théâtralité nécessaires à la soirée. La variété interpellera votre public et l'encouragera à revenir. Les jeux sans risque, plaqués juste pour rire, ne vous aideront pas à vous développer et finiront par chasser tous les spectateurs, sauf les nouveaux.

IMPACT360
Osaka, Japon
📷 *par Takayuki Ueda*

CONSENTEMENT ET CONTENU DIFFICILE

Au moment où nous écrivons ces lignes, le consentement et le contenu sont devenus des sujets importants dans le monde de l'improvisation et dans la société en général. Nul doute que chaque compagnie trouvera la meilleure façon d'aborder ces sujets comme elle l'entend. De par sa nature, une distribution de Maestro mélange les niveaux de compétence et d'expérience, et ne permet pas toujours aux joueurs de développer des liens personnels entre eux. Il se peut que certains acteurs ne se connaissent pas du tout au sein d'un même spectacle. Le niveau d'assurance et de confiance de chacun ou les besoins personnels varient grandement selon les participants et les compagnies. C'est pourquoi nous vous encourageons à discuter ouvertement de ces sujets, dans l'optique d'une compréhension nuancée et d'un accord mutuel sur la direction à prendre.

Si votre compagnie a des questions ou souhaite faire entendre une voix extérieure sur le sujet du consentement, veuillez contacter votre représentant régional ITI ou le bureau ITI. (Voir les contacts en bas de la page 48)

Der Kaktus
Würzburg, Allemagne
📷 *par Nicolas Dreher*

ÉQUITÉ

Certains groupes sont immédiatement tentés d'atténuer des éléments du Maestro qu'ils considèrent comme injustes. Ils diminuent le nombre de rounds d'élimination ou modifient le système de points, de manière à ce que les gagnants et les perdants aient un score plus proche. Cette tentative de spectacle équitable affaiblit le format Maestro et freine le développement de l'improvisation au sein d'une compagnie. La courbe du spectacle, encouragée par Maestro et qui porte ses fruits, peut être ruinée par des tentatives malavisées d'aplanir les hauts et les bas de la structure dramatique. Le frisson des éliminations, le risque de la défaite et la lutte pour la victoire renforcent tous le drame pour le public.

En apparence, Maestro peut sembler injuste. Un débutant peut obtenir un score plus élevé et rester dans le jeu pour avoir participé à une scène avec un joueur plus expérimenté. Le contraire peut se produire lorsqu'un joueur expérimenté est éliminé au début du spectacle pour avoir été dans une scène mal notée. Mais ces cas imprévisibles sont plus rares, et le spectacle tend à mettre en avant les joueurs les plus solides, et à libérer les moins performants de la soirée. La dramaturgie de l'outsider qui monte au sommet, ou du grand improvisateur qui tombe prématurément, ajoute au drame de la soirée lorsque cela se produit.

Il est toujours dans l'intérêt du directeur de mettre en avant la scène ou le jeu qui servira au mieux le public et le spectacle tout au long de la soirée. Les excellents comédiens, qu'ils gagnent ou qu'ils soient éliminés, savent d'emblée qu'ils ne sont qu'un élément du spectacle et que leur élimination est censée faire partie de l'expérience globale offerte au public.

Comme d'autres spectacles d'impro, la compétition doit être perçue par le public comme un jeu. Elle ne doit pas être perçue comme une compétition sérieuse. En fin de compte, ce ne sont pas les scores individuels qui importent, mais la qualité du spectacle dans son ensemble. Plutôt que de s'accrocher à l'argument peu convaincant que la compétition est injuste, les troupes devraient se méfier de la tendance qu'ont certains comédiens à faire passer leur ego avant leurs partenaires sur scène et avant les besoins du public. La compétition est pour le public. Faire entrer son ego dans l'équation revient à priver d'un aspect primordial du divertissement ceux qui ont payé pour voir le spectacle.

CONSEILS

· Faites en sorte que le spectacle se déroule efficacement. Le MC ne doit pas refaire voter trop de fois, les comédiens doivent monter sur scène lorsqu'ils sont appelés et les directeurs ne doivent pas tergiverser.

· Lorsque des accessoires et une scénographie sont disponibles, les joueurs appelés ne devraient pas mettre en place les accessoires et le mobilier. Ils doivent laisser le soin aux autres de leur installer le bureau, la chambre, etc. pendant qu'ils portent leur attention sur leurs partenaires et sur le directeur.

· Acceptez d'être éliminé avec bienveillance. Cela arrivera souvent. Faites beaucoup d'erreurs et faites-les tôt. On apprend plus vite de cette façon.

· Si vous estimez qu'un échauffement avant le spectacle est nécessaire, soyez bref. Un échauffement fonctionne si les joueurs rient et s'amusent.

· Les joueurs doivent se rappeler que le spectacle est plus important que le succès ou l'échec de chaque scène individuelle. Si une scène est en difficulté, les acteurs hors scène doivent envisager d'aider à la sauver, ou à abréger ses souffrances. De même, si une scène se déroule bien, restez à l'écart et attendez votre tour.

Il y a des histoires horribles où des directeurs de Maestro prennent place sur d'énormes et grotesques trônes pour être les stars du spectacle, ou des compagnies où les joueurs les plus expérimentés prennent tout le pouvoir et accaparent le temps de jeu sur scène, forçant les joueurs les moins expérimentés à diriger. Rien de tout cela ne rend honneur à la nature de Maestro. Il est préférable que les directeurs et la direction soient le moins envahissants possible. Cela permet de se concentrer sur les acteurs et le travail scénique.

Grund Színház
Budapest, Hongrie
📷 *par Grund Szinház*

PIÈGES

· De nombreux groupes cernent mal le rôle du directeur et finissent par malmener les improvisateurs. Par exemple, dans une des incarnations de Maestro, les MC ou les responsables du spectacle décident à l'avance des jeux et des scènes, puis les invoquent dans un ordre prédéterminé. Ils disent aux improvisateurs ce qu'ils doivent faire, puis ne leur fournissent aucune aide. Les jeux prennent parfois bien trop de place et le résultat est un peu comme un cirque où des animaux savants enchaînent les numéros.

· Dans certains groupes, les MC dominent généralement le spectacle et se mettent en avant plutôt que de valoriser le travail scénique.

· Certains groupes fusionnent les rôles de MC et de directeur.

Cette solution n'est pas recommandée, car il n'est pas possible de se concentrer correctement sur les deux tâches à la fois.

· Le temps de jeu peut poser des problèmes d'avidité chez certains joueurs, qui s'immiscent dans les scènes des autres et détruisent l'efficacité du spectacle. Leurs actions et leurs commentaires sont principalement des moyens de se faire remarquer tout au long du spectacle.

· Veillez à ce que les joueurs ne s'alignent pas formellement sur scène pour recevoir les scores du public. Cela sous-entendrait que les interprètes eux-mêmes sont impliqués dans le processus de jugement. Nous voulons que les spectateurs jugent la scène et non les individus.

SCÉNOGRAPHIE

Si vous avez la chance d'avoir votre propre lieu, un espace en coulisses qui vous permet d'accueillir de gros décors (chaises, tables, lits, bateaux) et de plus petits accessoires et costumes, cela peut ajouter une plus-value de mise en scène au spectacle, ainsi que des possibilités interactives pour les comédiens. Dans un contexte où les canapés, les tables et les chaises circulent sur scène et hors scène, privilégiez la sécurité et l'accessibilité. Si vous ne pouvez pas y accéder de manière sûre et efficace pendant le spectacle, alors cela vous dessert plus qu'autre chose. Et si elle cause des blessures ou suscite des inquiétudes dans l'esprit du public, mieux vaut ne pas l'utiliser.

Si vous n'avez pas accès aux coulisses, des portants à roulettes sur le côté de la scène sont utiles si vous souhaitez ajouter

des costumes à votre spectacle. Cependant, lorsque la scène est éclairée, les accessoires et les costumes ne doivent pas encombrer la vue.

En tant que « scénographe », essayez de créer une réalité pour les acteurs et les directeurs. Deux chaises, ce n'est pas un décor. Mais sortez ces deux mêmes chaises, tenez-vous à côté en regardant votre montre, et vous avez un arrêt de bus ! Soyez source d'inspiration plutôt que de chercher à faire de l'humour. La comédie viendra de l'attention que vous portez aux mondes que vous créez, et de la facilité avec laquelle vous pourrez les faire disparaître. Si le directeur vous dit « non merci », enlevez-les le plus vite possible sans attirer l'attention.

Impro Melbourne
Melbourne, Australie
📷 *par Carolyn Wagner*

Loose Moose Theatre
Calgary, Canada
📷 *par Heather Smith*

MUSIQUE

De nombreuses compagnies d'improvisation font appel à des musiciens. Veillez à ce que l'éventuelle présence d'un musicien sur scène ne restreigne pas trop l'espace physique des comédiens. (Faites attention à l'intégrité des câbles et des instruments coûteux à proximité des improvisateurs maladroits).

Le travail des musiciens peut avoir une influence directe sur les histoires et les personnages, en bien ou en mal. Un musicien solide choisit les bons moments pour soutenir ou améliorer une scène. Il peut motiver les improvisateurs hésitants à ressentir une émotion profonde restée en surface. Ils peuvent apporter un soutien, voire un contraste, à l'atmosphère ou à la tension de l'histoire. Les musiciens expérimentés sont aussi bien capables de répondre aux joueurs ou aux personnages que de leur faire des propositions auxquelles réagir. Lorsque la palette d'un musicien est limitée, le ton du spectacle peut l'être également. Les spectacles avec un tapis sonore constant et monocorde détruisent plus rapidement la variété qu'un directeur martelant aux comédiens d'être toujours tristes ou toujours excités. L'une des compétences les plus utiles d'un musicien est la capacité à rester silencieuse. Là où le musicien peu éclairé peut involontairement faire tomber le spectacle dans la monotonie, un musicien qui comprend son influence sur le spectacle peut exploiter ses talents pour accroître la variété.

Theatre Anundpfirsich - Zurich, Suisse
📷 *par Mike Hamm*

ÉCLAIRAGE ET SON

Les bons improvisateurs au son et à la lumière sont bénéfiques à Maestro. Comme pour les musiciens, leur placement ne doit pas gêner les comédiens ni créer une impression de danger. Si la plupart des compagnies se concentrent exclusivement sur un musicien ou un DJ, certains groupes intègrent efficacement les deux en même temps. Les improvisateurs lumière et son doivent être encouragés à prendre des risques et à faire des erreurs.

« Nous jouons dans un ancien cinéma. Il y a un piano à queue sur scène et une petite batterie. Nous jouons toujours avec un groupe de musique. Sur l'écran derrière nous, le responsable lumières projette également des images en arrière-plan chaque fois que c'est nécessaire, de deux à cinq fois par spectacle. En général, ça fait son petit effet. »
Andrew Hefler - Grund Színház, Budapest, Hongrie

SÉANCE DE RETOURS

Prenez une dizaine de minutes pour les commentaires après la représentation. Vous pouvez le faire en parcourant la liste des scènes établie par le responsable des scores, en mentionnant tout ce qui doit être mentionné (musique trop forte sur les dialogues dans une scène d'amour, trop de bruit en coulisses durant la scène de l'hôpital, etc.) Le groupe doit convenir que cette séance n'est pas un moment de discussion, sinon tout le monde se sentira obligé de s'exprimer et vous en aurez pour des heures. Félicitez les joueurs qui prennent les risques que vous souhaitez. Les retours sont plus constructifs et risquent moins de blesser lorsqu'ils visent le travail de scène et non les individus. Essayez de donner et de recevoir les feedbacks avec humilité, compréhension et détachement.

DERNIÈRES RÉFLEXIONS

Picnic Improvisación Teatral - Monkey Fest - Bogota, Colombie
📷 *par Fernanda Pineda*

Joué tel qu'il a été pensé, Maestro est l'un des formats d'impro dont le succès est le plus garanti. Il se peut que les finalistes soient les joueurs les plus doués ou qu'il s'agisse de nouveaux venus particulièrement inspirés ce soir-là. Même les fois où la qualité dramaturgique n'a pas été au rendez-vous, on considère que justice a été rendue lorsque l'improvisateur le plus brillant continue d'étinceler jusqu'au bout et décroche la récompense finale. Le public a le sentiment que ses opinions et ses préférences sont importantes, car ses choix influencent le résultat de la soirée. On s'attend à quelques scènes ratées, à quelques-unes spectaculaires (de préférence vers la fin) et à beaucoup d'énergie positive générée par des gens heureux (joueurs et public) qui participent tous ensemble à l'expérience.

« Lors d'une bonne soirée, le public est très investi dans la compétition, mais ne se soucie pas beaucoup de savoir qui gagne. »
Tom Salinsky - The Spontaneity Shop, Londres, Angleterre

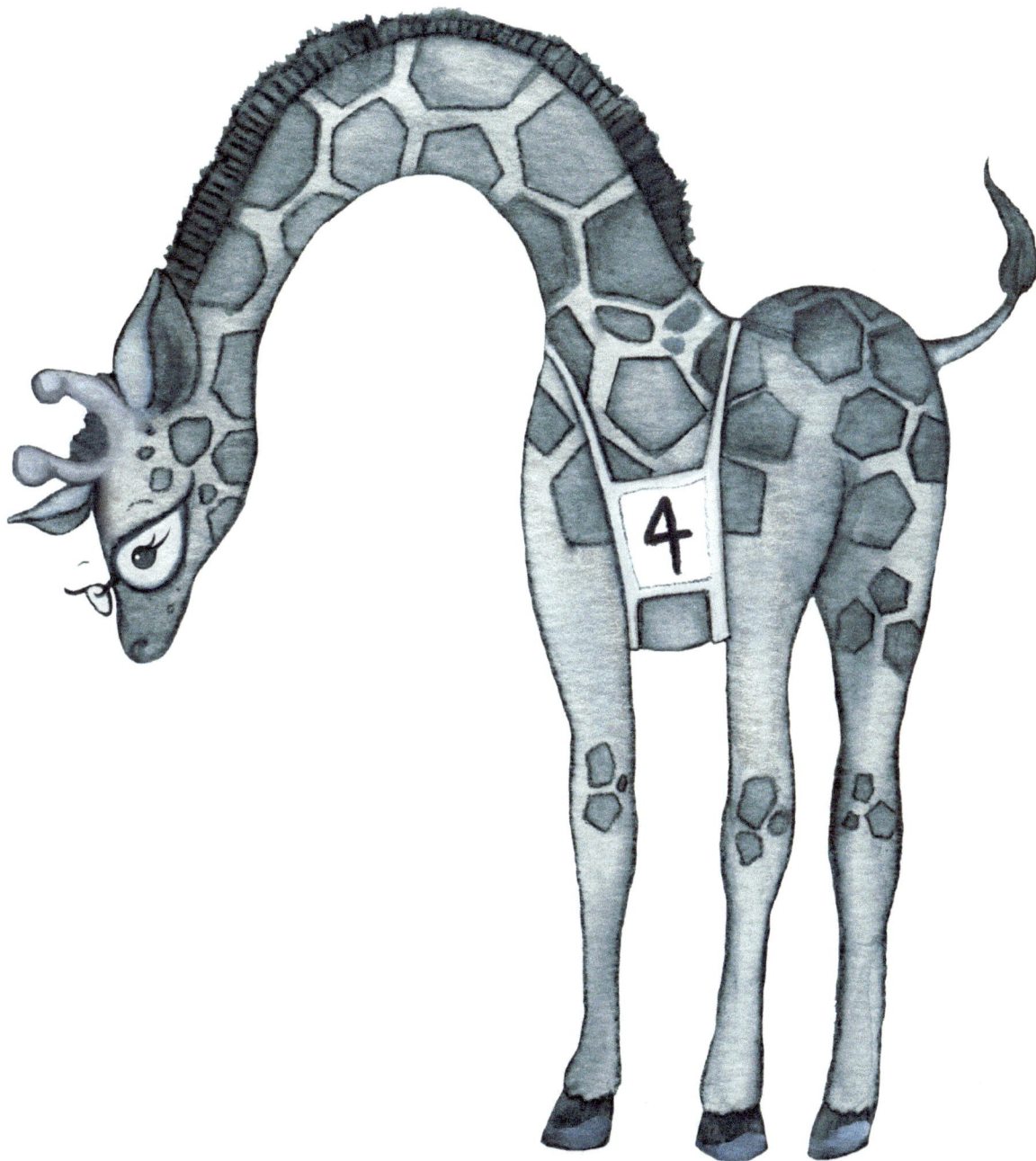

SOUVENIRS DE MAESTRO

« L'improvisatrice italienne Tania Mattei, qui s'est produite lors du final d'une série de spectacles d'impro, a remporté le Maestro sans parler un mot d'anglais devant un public anglophone. »
Dennis Cahill - Loose Moose Theatre, Calgary, Canada

« Arrivé au round final et, pour un solo libre, cet improvisateur a fait remonter tous les joueurs éliminés pour leur offrir un court temps de jeu chacun (ils l'ont tous remercié en incarnant des personnages vus précédemment). L'improvisatrice en question est passée en dernier. Ils ont échangé un long regard tendu... et se sont pris dans les bras l'un de l'autre, sans rien dire. Le spectacle s'est terminé sur cette image ; cette dernière « scène » illustre bien à mon sens l'esprit de cohésion qu'on cherche à atteindre dans un Maestro. »
Antoine Gaudin - Again! Productions, Paris, France

« En 2010, Keith est venu à Austin. Il a eu la générosité de diriger un Maestro. Nous avons loué le théâtre du Centre Culturel local et nous avons accueilli une foule de plus de 200 personnes. Dans l'une des dernières scènes, un solo, Keith a demandé à un improvisateur de "séduire le public". Le joueur (Troy Miller) est monté sur scène avec arrogance et a fait un geste calme vers son entrejambe avec une expression "Hé ?!" sur le visage. Keith a fait éteindre les lumières. Lorsque le MC s'est levé pour le vote et a demandé "Cette scène valait-elle un 1 ?", tous les spectateurs ont joyeusement "explosé", à l'unisson. Ils étaient unis et conquis par la parodie de séduction intentionnellement mauvaise. Même si c'était une "mauvaise note", ce fut le meilleur moment du spectacle (et de tous les temps, à mon avis). Ce petit moment d'improvisation a uni tout le public constitué de parfaits inconnus. C'est pour *ça* que nous jouons Maestro. »
Kareem Badr – Hideout Theatre, Austin, Texas, États-Unis

« Comme dans de nombreux festivals internationaux, nous avons eu un Maestro avec plusieurs invités. Alvan du Canada était dans une scène en espagnol. Ils campaient et ont reçu la visite d'un ours furieux. Victor et Eli semblaient savoir quoi faire et ont pu s'en sortir. Alvan s'est fait attaquer et a crié "Apprendre !!!!", croyant qu'il appelait à l'aide. L'ours l'a attrapé et a disparu avec lui dans la forêt. Après la scène, il a découvert que "Aprender" signifie "apprendre". Le message est donc assez clair : apprenez l'espagnol pour ne pas vous faire manger par un ours. »
Luisa Winkler - Der Kaktus, Würzburg, Allemagne / Le BIG IF - Barcelone, Espagne

« Je me souviens qu'au cours d'un round éclair, deux improvisateurs norvégiens sont devenus immédiatement des vieillards qui se rendaient quelque part à la hâte (très lentement). Ils avaient l'air contents, mais nous n'étions pas sûrs de ce qui se passait. Puis celui qui était derrière a touché l'autre sur l'épaule et a crié : "Chat !" Ils se sont tous les deux retournés (très lentement) et la poursuite a repris. »
Steve Jarand - Loose Moose Theatre, Calgary, Canada

« Lors du "Würzburger Improtheaterfestival" 2018, les deux dernières joueuses ont été invitées à chanter une chanson ensemble, mais elles avaient des problèmes avec les micros. Pendant qu'elles essayaient de déterminer si les micros étaient branchés, la chanson avait déjà commencé. Elles ont intégré ce qui se passait sur le moment et la chanson est devenue un magnifique duo positif et collaboratif sur tout ce qui est "branché"… leurs vêtements, les lampes, l'amour… À la fin, le public a refusé de déclarer une vainqueure au détriment de l'autre. Les directeurs se retenaient de changer le dénouement habituel du spectacle jusqu'à ce que le public commence à clamer "Transgressez les règles !". Finalement, la révolution a marché et les deux joueuses ont été couronnées "maestro". »

Kati Schweitzer, Impro Stuttgart / Der Kaktus, Würzburg, Allemagne

« *Mon Maestro préféré de tous les temps comptait un Yorkshire Terrier parmi les joueurs. C'était au Loose Moose, et nous étions un peu à court de joueurs ce soir-là. Une joueuse expérimentée de longue date, Zackary Quinn, avait son chien Chloe avec elle ce soir-là. Nous lui avons mis un numéro et elle a été appelée sur scène comme tout le monde. Ce n'est pas quelque chose que je recommanderais de faire régulièrement, mais c'était unique en son genre ! Chloe était une chienne exceptionnellement bien éduquée - je pense que toutes ses scènes ont reçu des "5" et qu'elle a réussi à passer au round final. Cela nous a tous rendus très humbles !* »

Rebecca Northan - Loose Moose Theatre, Calgary / Spontaneous Theatre, Toronto, Canada

« Nous étions proches de la fin et nous devions éliminer 2 ou 3 joueurs mais il y en avait 5 avec le même score. À cause du temps, j'ai demandé aux joueurs de se mettre par deux et de jouer à pierre/feuille/ciseaux où le perdant est immédiatement éliminé et les gagnants sont sauvés. Le cinquième joueur n'avait personne avec qui s'associer et j'ai remarqué qu'une petite fille du public s'était manifestée au cours du spectacle plus tôt, alors je lui ai proposé de jouer. Par chance ou parce que le joueur était habile, la petite fille a gagné. J'ai demandé à la petite fille, qui avait peut-être 5 ans, si elle voulait jouer le reste du Maestro (j'ai aussi demandé aux parents s'ils étaient d'accord). Elle a dit oui et le public a rugi et l'a beaucoup soutenue. Elle a fini par faire une scène avec deux autres personnes où elle était capitaine pirate et les autres étaient ses compagnons de bord, et une scène solo où je lui ai fait mettre au lit un autre joueur en lui racontant une histoire pour s'endormir, que les autres mimaient en arrière-plan. Elle a fini par gagner (bien sûr) et ce fut une belle soirée. » *Ian Parizot - Again! Productions, Paris, France*

« Je n'ai jamais gagné. Sauf une fois. Et je me souviens que le jour où j'ai gagné, je m'étais porté volontaire pour passer l'aspirateur sur la scène. Je me suis donc porté volontaire pour passer l'aspirateur tous les jours pendant des mois par la suite. »

Jeff Gladstone - Loose Moose Theatre, Calgary / Vancouver Theatresports, Canada

« À Würzburg, en Allemagne, un 6 sans précédent a été donné lorsque le public a insisté spontanément et massivement pour réclamer une note plus élevée, jusqu'à ce qu'elle soit accordée à une scène solo en suédois. »

Shawn Kinley - Loose Moose Theatre, Calgary, Canada

RESSOURCES

Livres de Keith Johnstone
· IMPRO Improvisation et théâtre
· IMPRO FOR STORYTELLERS - Chapitre 3, pages 49-54
· keithjohnstone.com/writing
· impro.global/resources/publications/books

Newsletters de Keith Johnstone
· Micetro Impro 1990
· Gorilla and Micetro November 1998
· Les newsletters sont accessibles via l'ITI

DVD
· Stages intensifs d'impro par Keith Johnstone
· Trance Masks
· keithjohnstone.com/video

Ateliers et formations
· Stages intensifs d'impro par Keith Johnstone
· keithjohnstone.com
· Stage d'été international du Loose Moose Theatre
· loosemoose.com
· Liste des formateurs de l'ITI : impro.global

Guides des formats de l'ITI, Theatresports™ et Gorilla Theatre™
Disponible auprès de tous les grands distributeurs littéraires.

Informations biographiques
Keith Johnstone - A Critical Biography, de Theresa Robbins Dudeck
Si vous avez des questions sur les « Keith Johnstone Papers » ou sur les œuvres littéraires de Johnstone, contactez Theresa Robbins Dudeck, exécutrice littéraire de Keith Johnstone

Contact et Information de l'ITI
Bureau: admin@theatresports.org
Représentants régionaux: impro.global

Impro Melbourne - Melbourne, Australie 🎥 *par Impro Melbourne*

Suite à la section sur les compétences, Shawn Kinley décrit le danger d'une mauvaise interprétation du concept «Accepter»....

Il est important d'apprendre et de réapprendre les compétences les plus basiques pour percevoir le travail en profondeur. Certains groupes d'improvisation peuvent se sentir satisfaits d'avoir appris des explications de techniques d'improvisation trop simplifiées. Par exemple : «Toujours dire oui ! Ne jamais dire non».

Tout d'abord, comprenez que la suggestion de dire OUI et d'ACCEPTER est la clé pour surmonter les automatismes ancrés qui tuent la bonne improvisation. Nous apprenons à accepter les idées parce qu'on nous a appris tout au long de notre vie à utiliser des mécanismes de sécurité nous faisant nier et contrôler. Nous disons « Non » même quand il n'y a pas de raison, par réflexe. C'est un obstacle en improvisation. Donc, on nous apprend à dire OUI !!! TOUT ACCEPTER !!!

Si accepter les propositions est la clé d'une bonne impro, il n'est pas question pour autant de dire oui à tout. Certains groupes d'improvisation comprennent ce concept, tandis que d'autres font du OUI une règle stricte.

La « secte du OUI » est à l'œuvre lorsque l'on accepte des propositions jusqu'à l'extrême. Dire OUI sans réfléchir devient une règle inviolable aboutissant sur des comédiens qui acceptent artificiellement sans tenir compte de la vérité et de l'authenticité, et sur un public qui se sent éloigné de ce qui se passe sur scène. Pourquoi souhaiterait-il revenir ? Et maintenant, penchons-nous sur le réflexe bien ancré de garder le contrôle, chez la plupart des gens. « Sautez de ce bâtiment ! » « NON. »

Cette protection vous est utile dans la vie. Sur scène, par contre, elle empêche d'avancer. Il faut aller de l'avant, mais cette tendance à se contrôler et à se protéger entrave inutilement les idées.

« Puis-je vous offrir du thé ? » « Non, je veux un café. » Même avec une idée qui ne présente aucun danger, nous pouvons avoir cet instinct de refuser. Ce sentiment de contrôle nous empêche d'aller de l'avant, mais donne à ceux qui disent non le faible sentiment d'être aux commandes. Non seulement ils ne savent pas grand-chose, mais ils se privent, ainsi que leurs partenaires, d'une chance d'avancer dans l'aventure, d'établir des liens et peut-être de bien s'amuser. Le public sent la différence et reste assis, les bras croisés, en attendant un simple acquiescement, et que la scène avance.

« Du café ? »

« Merci. »

« De rien. Comment se passe votre formation de super-héros ? »

« Super, merci de demander. Je peux sauter d'un bâtiment et atterrir, maintenant. »

Donc, les choses avancent....

À ce stade, la leçon consistant à dire oui et à accepter fonctionne bien. Puis les choses vont trop loin et la secte du OUI s'installe. C'est que le danger de dire oui à tout en règle générale contredit la logique de la scène et les désirs du public.

« J'ai entendu dire que tu quittais l'école des superhéros. »

« Euh… oui… je songeais à ouvrir un café. »

« Oh… ouais ? C'est bien. »

« OK. Au revoir. »

« Oui. » Est-ce la fin de notre aventure ?

« Oui. »

« Vous voulez du café ? »

« OUI. »

« Je vais sauter du bâtiment maintenant. »

« OUI ! »

En disant tout le temps oui à tout, on finit par accepter n'importe quelle bêtise parce qu'on croit que cela fait de nous de bons improvisateurs. Cette schématisation ne nous aide pas. C'est un exemple de bonnes idées mal comprises. Si on est assez intelligents, on ne laisse pas ce qu'on a appris dans le passé nous empêcher d'acquérir de meilleures compétences. La mauvaise interprétation des travaux de Keith Johnstone conduit certains groupes à tout simplifier à l'extrême. L'histoire du format Theatresports est une bonne illustration de grandes idées qui ont été diluées par certains sans chercher à en comprendre parfaitement le sens.

Pour un bon exemple de cas où Keith lui-même trouve des raisons de bloquer certaines idées, faites l'exercice « Et après », où le joueur peut dire « NAN » lorsqu'une suggestion ne l'inspire pas. Le travail scénique associé à la négation sélective enseigne une narration visant à inspirer son partenaire. MAIS… avec tout cela, rappelez-vous pourquoi on nous enseigne à réapprendre à dire OUI en premier lieu, et quand NON est pertinent.

Ce qui suit est un extrait de *The Improv Handbook*, de Tom Salinsky et Deborah Frances-White.

Comment être dirigé

Pour certains improvisateurs, en particulier ceux qui ont été initiés au concept de la direction et du side-coaching plus tard dans leur carrière, le fait d'avoir un directeur qui leur dit quoi faire menace leur identité en tant qu'individus créatifs - et, surtout, en tant qu'individus ostensiblement créatifs. Ils veulent être considérés comme entièrement responsables des choix qu'ils font sur scène. Bien que compréhensible d'un point de vue psychologique (la peur et l'ego), cette situation est un peu différente dans le contexte du théâtre en général et de l'improvisation en particulier.

La plupart des improvisateurs le comprennent et n'ont aucun problème à répondre « oui et », quelle que soit la nature des propositions. Alors… si ça vous convient d'être définie comme ma mère quand je suis sur scène avec vous, qu'est-ce qui vous chagrine tant quand, depuis le bord de la scène ou au premier rang, je vous demande de jouer la mère d'un autre improvisateur ?

« Eh bien », rétorquera l'intéressée, « pour la même raison que vous me demandez de ne pas bloquer cette offre : cela sort le public de l'histoire. » Ah, alors ça soulève une nouvelle question, n'est-ce pas ? Le problème n'est pas que je vous dirige, mais que ma direction attire toute l'attention. Et si j'étais un narrateur ? Alors j'ajouterais encore des informations à la scène que vous devriez accepter, mais vous ne vous y opposeriez pas, je me trompe ? Vous avez raison, une bonne mise en scène n'attire pas l'attention, c'est entendu, mais vous avez aussi votre rôle à jouer à cet égard. Si un directeur vous donne une instruction, suivez-la. Si un directeur vous souffle une réplique, dites-la. N'attendez pas. N'envisagez pas de le faire. Ne tournez pas autour du pot. Faites. Ou dites-la tout de suite, et dites-la mot pour mot.

Ces improvisateurs, ceux qui pensent qu'un directeur nuit à leur image de créateurs indépendants, ont tendance à réécrire les répliques qu'on leur donne.

Lui : Angie, qu'est-ce que tu fais ici ?
Elle : Oh, euh… Je…...
Directeur : Dites « Je suis enceinte. »
Elle : Tony, le truc c'est que… Je pense que je vais… avoir

un bébé. Tout ce à quoi le public va penser maintenant c'est « Pourquoi n'a-t-elle pas dit "je suis enceinte" ? » Réécrire la réplique (vous n'auriez pas l'impression de devoir paraphraser chaque ligne des Sorcières de Salem, n'est-ce pas ?) ne fait qu'attirer davantage l'attention sur le fait qu'on vous a demandé de dire quelque chose. Si un directeur vous donne une réplique potentiellement drôle et que vous la dites tout de suite, mot pour mot, alors vous obtiendrez des rires. C'est drôle si le personnage le dit dans son contexte parce qu'alors, et seulement alors, cela fait partie de l'histoire.

Certains improvisateurs ne font qu'empirer les choses…

Lui : Angie, qu'est-ce que tu fais ici ?
Elle : Oh, euh… Je…
Directeur : Dites « Je suis enceinte. »
Elle : (au directeur) Oui, j'allais le faire. (À lui) Tony, le truc, c'est que… Je pense que je vais… avoir un bébé.

Si le directeur vous donne quelque chose à faire que vous étiez sur le point de faire de toute façon, il y a plusieurs possibilités.

· Tout le monde savait que vous étiez sur le point de le faire, et vous étiez « sur le point de le faire » depuis un certain temps et aviez besoin d'un coup de pouce.

· Vous et le directeur êtes tellement en phase que la même idée vous est venue à tous les deux au même moment. Il est clair que c'est une très bonne chose et qu'il n'y a pas lieu de s'en plaindre.

· Le directeur en fait des caisses et intervient inutilement.

> « Si chaque scène est dirigée, il y a quelque chose qui ne va pas. Les directeurs doivent faire preuve de discrétion. Ils ne font que ce qui est nécessaire. Si les acteurs se débrouillent bien, laissez-les tranquilles. Nous mettons en avant les comédiens, pas les directeurs. »
> *Keith Johnstone*

Même dans ce dernier cas, se plaindre sur scène devant le public ne résout pas le problème (bien que cela puisse être le début d'un antagonisme amusant dans un spectacle de Gorilla Theatre™), et dans les deux premiers cas, il n'y a pas de problème. Si vous avez vraiment l'impression que le metteur en scène se met en travers de votre chemin, remplacez-le ou supprimez-le, et voyez si le public préfère le spectacle sans lui. La seule façon de savoir si quelque chose fonctionne est de l'essayer.

Voici le récit de Rebecca Northan sur la manière dont elle a rassemblé le matériel nécessaire pour un Maestro dans un lieu provisoire.

Je donnais un stage intensif d'impro de cinq jours pour aboutir à un Maestro avec les participants. En partant de zéro, j'ai pu monter un kit Maestro en deux jours, pour un peu moins de 150 dollars, avec des éléments achetés dans ma boutique d'occasion, ma papeterie et ma quincaillerie habituelles.

[1] N'ayant pas le temps de fabriquer des badges ou des dossards, ces étiquettes provenant d'une papeterie sont suffisamment grandes pour notre salle, et les clips n'endommageront pas les vêtements.

[2] Avec deux cache-pots en étain d'un magasin d'occasion, et quelques grandes rondelles de métal d'une quincaillerie, on obtiendra le bon son lorsque les directeurs tireront les numéros.

[3] 'ai trouvé ce trophée pour 3 $ dans un magasin d'occasion… Notre maestro recevra également 5 $ canadiens… mais il/elle n'est pas autorisé(e) à garder le trophée - c'est seulement symbolique !

[4] Le coût le plus élevé était celui d'un tableau blanc magnétique (115 dollars canadiens). Comme je n'avais pas beaucoup de temps, j'ai créé une grille avec du ruban adhésif noir, j'ai laissé de la place pour que les joueurs puissent écrire leur nom avec des marqueurs effaçables à sec et j'ai mis des numéros sur des aimants en plastique qui peuvent se déplacer sur le tableau au fur et à mesure que les points s'accumulent. Je dois encore mettre le reste des « coches » entre les grands chiffres.

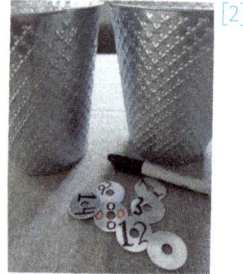

Det Andre Teatret - Oslo, Norvège 📷 par Kjetil Aavik

Milton Keynes UK
Ingram Content Group UK Ltd.
UKHW051118230124
436524UK00009B/41

9 781989 460023